A GLÓRIA E A TRAGÉDIA DE BARBOSA
O PAPEL DA IMPRENSA PRÉ-REDES SOCIAIS NA CONSTRUÇÃO
DA MEMÓRIA DO GOLEIRO DA COPA DE 50

Editora Appris Ltda.
1.ª Edição - Copyright© 2024 do autor
Direitos de Edição Reservados à Editora Appris Ltda.

Nenhuma parte desta obra poderá ser utilizada indevidamente, sem estar de acordo com a Lei nº 9.610/98. Se incorreções forem encontradas, serão de exclusiva responsabilidade de seus organizadores. Foi realizado o Depósito Legal na Fundação Biblioteca Nacional, de acordo com as Leis nos 10.994, de 14/12/2004, e 12.192, de 14/01/2010.

Catalogação na Fonte
Elaborado por: Josefina A. S. Guedes
Bibliotecária CRB 9/870

S728g 2024	Souto, Sérgio Montero A glória e a tragédia de Barbosa: o papel da imprensa pré-redes sociais na construção da memória do goleiro da Copa de 50 / Sérgio Montero Souto. – 1. ed. – Curitiba: Appris, 2024. 167 p. ; 23 cm. – (Coleção Ciências da Comunicação). Inclui referências. ISBN 978-65-250-6821-3 1. Barbosa. 2. Copa 50. 3. Imprensa. 4. Glória. 5. Tragédia. I. Souto, Sérgio Montero. II. Título. III. Série. CDD – 343.099

Livro de acordo com a normalização técnica da ABNT

Appris
editora

Editora e Livraria Appris Ltda.
Av. Manoel Ribas, 2265 – Mercês
Curitiba/PR – CEP: 80810-002
Tel. (41) 3156 - 4731
www.editoraappris.com.br

Printed in Brazil
Impresso no Brasil

Sérgio Montero Souto

A GLÓRIA E A TRAGÉDIA DE BARBOSA
O PAPEL DA IMPRENSA PRÉ-REDES SOCIAIS NA CONSTRUÇÃO
DA MEMÓRIA DO GOLEIRO DA COPA DE 50

Appris
editora

Curitiba, PR
2024

FICHA TÉCNICA

EDITORIAL
Augusto Coelho
Sara C. de Andrade Coelho

COMITÊ EDITORIAL
Ana El Achkar (Universo/RJ)
Andréa Barbosa Gouveia (UFPR)
Antonio Evangelista de Souza Netto (PUC-SP)
Belinda Cunha (UFPB)
Délton Winter de Carvalho (FMP)
Edson da Silva (UFVJM)
Eliete Correia dos Santos (UEPB)
Erineu Foerste (Ufes)
Fabiano Santos (UERJ-IESP)
Francinete Fernandes de Sousa (UEPB)
Francisco Carlos Duarte (PUCPR)
Francisco de Assis (Fiam-Faam-SP-Brasil)
Gláucia Figueiredo (UNIPAMPA/ UDELAR)
Jacques de Lima Ferreira (UNOESC)
Jean Carlos Gonçalves (UFPR)
José Wálter Nunes (UnB)
Junia de Vilhena (PUC-RIO)

Lucas Mesquita (UNILA)
Márcia Gonçalves (Unitau)
Maria Aparecida Barbosa (USP)
Maria Margarida de Andrade (Umack)
Marilda A. Behrens (PUCPR)
Marília Andrade Torales Campos (UFPR)
Marli Caetano
Patrícia L. Torres (PUCPR)
Paula Costa Mosca Macedo (UNIFESP)
Ramon Blanco (UNILA)
Roberta Ecleide Kelly (NEPE)
Roque Ismael da Costa Güllich (UFFS)
Sergio Gomes (UFRJ)
Tiago Gagliano Pinto Alberto (PUCPR)
Toni Reis (UP)
Valdomiro de Oliveira (UFPR)

SUPERVISORA EDITORIAL
Renata C. Lopes

PRODUÇÃO EDITORIAL
Adrielli de Almeida

REVISÃO
Katine Walmrath

DIAGRAMAÇÃO
Amélia Lopes

CAPA
Eneo Lage

REVISÃO DE PROVA
Bruna Santos

COMITÊ CIENTÍFICO DA COLEÇÃO CIÊNCIAS DA COMUNICAÇÃO

DIREÇÃO CIENTÍFICA
Francisco de Assis (Fiam-Faam-SP-Brasil)

CONSULTORES
Ana Carolina Rocha Pessôa Temer (UFG-GO-Brasil)
Antonio Hohlfeldt (PUCRS-RS-Brasil)
Carlos Alberto Messeder Pereira (UFRJ-RJ-Brasil)
Cicilia M. Krohling Peruzzo (Umesp-SP-Brasil)
Janine Marques Passini Lucht (ESPM-RS-Brasil)
Jorge A. González (CEIICH-Unam-México)
Jorge Kanehide Ijuim (Ufsc-SC-Brasil)
José Marques de Melo (*In Memoriam*)
Juçara Brittes (Ufop-MG-Brasil)
Isabel Ferin Cunha (UC-Portugal)
Márcio Fernandes (Unicentro-PR-Brasil)
Maria Ataíde Malcher (UFPA-PA-Brasil)

Maria Berenice Machado (UFRGS-RS-Brasil)
Maria das Graças Targino (UFPI-PI-Brasil)
Maria Elisabete Antonioli (ESPM-SP-Brasil)
Marialva Carlos Barbosa (UFRJ-RJ-Brasil)
Osvando J. de Morais (Unesp-SP-Brasil)
Pierre Leroux (Iscea-UCO-França)
Rosa Maria Dalla Costa (UFPR-PR-Brasil)
Sandra Reimão (USP-SP-Brasil)
Sérgio Mattos (UFRB-BA-Brasil)
Thomas Tufte (RUC-Dinamarca)
Zélia Leal Adghirni (UnB-DF-Brasil)

À suave e persistente guerreira que é a minha mãe.
A minha irmã, sempre atenta no cuidar. Ao Ricardinho e a Fabiana, pela
responsabilidade e pela segurança de manter a jornada para muito adiante.

PREFÁCIO

Era uma vez um jornalista experiente que decidiu fazer uma especialização em Comunicação e Espaço Urbano na Uerj e, mais adiante, se aventurar em um mestrado e doutorado em Comunicação na UFF. Nas três ocasiões, os trabalhos de conclusão de curso foram destacados pelas bancas examinadoras como de alto nível analítico. E eu acompanhei esses três momentos decisivos da vida de Sérgio Souto, autor do presente livro. Primeiro, como orientador de sua monografia de especialização. Depois, como membro das bancas de mestrado e doutorado. Hoje somos colegas na Faculdade de Comunicação Social da Uerj.

Dessa forma, foi com prazer que recebi o convite para apresentar esta obra, resultado da sua dissertação de mestrado. Fazia alguns anos que eu trabalhava com a questão das "construções" de idolatria no universo esportivo, e o trabalho de Souto me chamou logo a atenção por tratar da "construção" de um vilão histórico da nossa cultura futebolística.

O drama de Barbosa, goleiro célebre do Vasco da Gama e da seleção brasileira de 1950, me chamava a atenção, principalmente após ter assistido ao curta-metragem *Barbosa*, de Jorge Furtado e Ana Luiza Azevedo, e de ter lido o livro *Anatomia de uma Derrota*, de Paulo Perdigão. Porém, o tratamento dado ao tema por Souto me impactou sobremaneira, pela riqueza de detalhes informativos e agudeza analítica das fontes.

O presente livro destrincha e elucida o processo de reconstrução e atualização da memória realizado pela imprensa, tendo como "estudo de caso" Barbosa. O autor esmiúça os meandros desse universo, nos oferecendo um trabalho que reúne rigor acadêmico com generosidade para com o leitor. Com uma linguagem direta, objetiva e sem academicismos, ou seja, simples, sem ser simplista, Souto convida o leitor a adentrar um universo poderoso na "construção" de heróis e vilões da sociedade: a imprensa, pré-redes sociais, como o próprio autor deixa evidente logo no início.

Nesta obra, Souto nos mostra a importância e a responsabilidade dos jornais como lugares de memória. Tudo isso ancorado em autores clássicos do tema. Em se tratando de alguém que viveu décadas em redações de jornais, sua análise desse universo se torna ainda mais crível.

A "culpa" de Barbosa teria se iniciado após a derrota por 2 a 1 para o Uruguai, na última partida da Copa do Mundo de 1950. Porém, enquanto ainda estava em atividade e devido às atuações de alto nível, o goleiro fazia o contraponto a essa narrativa. Após sua aposentadoria em 1962, a imprensa passa a ter o poder exclusivo de "construir" a vilania do goleiro.

A relativização, ou o mea-culpa dos jornais, por ocasião do falecimento de Barbosa em 2000, é alvo de uma investigação pormenorizada e lúcida de Souto, que ainda nos brinda com uma análise dos obituários de outros personagens daquela final de 1950, para que possamos perceber comparativamente o grau de "culpa" que foi atribuída ao histórico goleiro.

O mais dramático é que Barbosa passa a ser lembrado como o maior culpado da fatídica derrota na final de 1950, justamente no momento em que muitos atletas, outrora famosos, caem no ostracismo. Em livro anterior, intitulado *Os três tempos do jogo: anonimato, fama e ostracismo no futebol brasileiro*, baseado em sua monografia de especialização, orientada por mim, Souto já havia investigado o tema do ostracismo que ocorre frequentemente na vida de atletas. Barbosa passa a ser lembrado quando preferia ser esquecido.

Os jornais de 1950 foram os principais responsáveis pela narrativa discursiva da vitória como acontecimento inexorável naquela partida, muito por conta das goleadas da seleção brasileira sobre Suécia e Espanha antes da partida final. Era a quarta Copa do Mundo de Futebol Masculino, sendo realizada no Brasil, e o Maracanã tinha sido construído para sediar a competição internacional. Todo o clima de euforia foi estimulado pela imprensa, e a frustração com a derrota foi vivenciada como tragédia, sobretudo porque experimentávamos um momento de consolidação dos Estados-nações e do nacionalismo remanescente da Era Vargas, e a equação seleção brasileira e futebol era muito forte.

Souto destrincha as razões da "escolha" de Barbosa, o goleiro, o "guardião" da nação (a "pátria de chuteiras") como o "culpado" pela derrota. Ele nos mostra ainda como, após sua aposentadoria, o atleta perde o principal contraponto a essa narrativa. Como suas atuações pelo Vasco da Gama e em outros clubes perduraram em altíssimo nível por muitos anos após 1950, os torcedores faziam o contraponto da narrativa de "vilão". Nas palavras do autor: "a nova situação faz com que a noticiabilidade de Barbosa, tal como percebida pela objetividade dos jornais, fosse cada vez mais reduzida 'ao culpado pela derrota'".

Em suma, estamos diante de um livro fundamental sobre um tema fascinante, escrito por alguém que transita com eficiência pelo jornalismo e pelo meio acadêmico.

Boa leitura!

Ronaldo Helal

Sociólogo, professor da FCS/Uerj

SUMÁRIO

INTRODUÇÃO 13

CAPÍTULO I
O NASCIMENTO DA PAIXÃO E A GÊNESE DA DERROTA 19
   1.1 O futebol como ideologia do povo 22
   1.2 O nascimento-relâmpago do Maracanã: o maior templo mundial do futebol ...27

CAPÍTULO II
A DERROTA COMO MITO 33
   2.1 Senhores da memória 38
   2.2 O "frango" eterno 41
   2.3 Bode expiatório 52
   2.4 Do carnaval ao velório 57

CAPÍTULO III
DE VELHO AMIGO A ETERNO VILÃO 63
   3.1 A objetividade como um processo social 71
   3.2 A exorcização do fantasma do mau agouro 77
   3.3 O estigma de 1950.. 82

CAPÍTULO IV
O RITUAL DA MORTE NOS JORNAIS 89
   4.1 A suavização da culpa 94
   4.2 Os vazamentos da objetividade... 100
   4.3 Outras mortes.. 109
   4.4 Os dois 16 124
   4.5 A eterna maldição do vice..135

CONCLUSÃO 143
   Fama: um atalho sedutor para se virar pessoa................................. 148

REFERÊNCIAS 161

INTRODUÇÃO

[...] Jair, então, infiltra-se. Empurrou o couro. Defendeu Tejera.
Voltou para Danilo. Danilo perdeu para Julio Pérez, que entregou
imediatamente na direção de Míguez. Míguez devolveu a Julio Pérez,
que está lutando contra Jair, ainda dentro do campo uruguaio.
Deu para Ghiggia. Devolveu a Julio Pérez (Torcida), que dá em
profundidade ao ponteiro direito. Corre Ghiggia! Aproxima-se do gol
*do Brasil e atira (Torcida). **GOL! GOL! DO URUGUAI! GHIGGIA!***
***SEGUNDO GOL DO URUGUAI!** Dois a um, ganha o Uruguai [...]*
(Foguetes).

(Perdigão, 2000, p. 182)

Assim, sem esconder que era traído pela emoção, Jorge Curi, locutor da Rádio Nacional do Rio de Janeiro (PRE-8), responsável por transmitir os lances que se passavam à direita das cabines de rádio do Maracanã, descreveu o gol de Ghiggia que deu ao Uruguai o título de campeão da Copa do Mundo de 1950, aos trinta e três minutos e trinta e dois segundos do segundo tempo, eternizando aquele dia 16 de julho de 1950. O Brasil, que tinha a vantagem do empate, deixava escapar, a pouco mais de onze minutos do fim da partida, seu primeiro título mundial, na primeira e, até então, única Copa realizada no país. O lance do gol marcado por Ghiggia, no único chute desferido pelo ponta-direita uruguaio em toda a partida, não durou mais de seis segundos. Seu único registro encontra-se num pequeno fragmento de filme, transformado em principal lugar de memória[1] da derrota na Copa de 50 e comparado por pesquisadores do assunto, como Roberto Muylaert, ao "famoso extrato de 8 mm obtido pelo alfaiate Abraham Zapruder, registrando o assassinato de John Kennedy em Dallas, em 1963" (Perdigão, 1988, p. 193).

A comparação com o assassinato de Kennedy não é isolada nem gratuita. Não são poucos os que, como Roberto DaMatta, consideram a

---

[1] Empregamos lugar de memória como o conceito tal como é concebido por Pierre Nora. Para Nora, o passado seria reatualizado em lugares de memória, cujas características material, funcional e simbólica fazem deles elementos fundamentais na reorganização de uma dada memória da sociedade. À medida que não há mais uma memória espontânea seria preciso registrar, em profusão, a própria vida presente e relembrar o passado a cada instante, mas sobretudo criar a todo momento lugares de memória, de natureza eminentemente material (arquivos, monumentos) ou da ordem do simbólico (comemorações e datas nacionais, por exemplo) (Nora, 1984).

derrota para o Uruguai uma das maiores tragédias da história contemporânea do Brasil, porque ela

> [...] trouxe uma visão solidária da perda de uma oportunidade histórica... Ocorreu no início de uma década na qual o Brasil buscava marcar o seu lugar como nação que tinha um grande destino a cumprir. O resultado foi uma busca incansável de explicações e responsabilidades para essa vergonhosa derrota (DaMatta *apud* Moraes Neto, 2000, p. 39).

Ao produzir uma das mais detalhadas historiografias da derrota de 1950, o crítico de cinema e não aficionado do futebol Paulo Perdigão impressionou-se como, na quase total ausência de imagens, entrevistados que não eram sequer nascidos naquele 16 de julho reproduziam a história oral sobre a derrota tal como lhes contaram os mais velhos.

A transformação da derrota em tragédia tem suas raízes no cruzamento entre futebol e projeto nacional que marcou o principal esteio do nacionalismo no país, a Era Vargas. Colocada nesses termos, a derrota não se limitava a uma batalha esportiva, mas punha em xeque o próprio projeto de nação, que tivera na construção do Maracanã, no tempo recorde de um ano, dez meses e seis dias, uma afirmação dos "homens divinos que haviam erguido aquele monumento ao futebol", na definição deslumbrada do zagueiro direito Gabriel Alonso, da Espanha, seleção derrotada por 6 a 1 pelo Brasil, no último jogo antes da partida decisiva com o Uruguai.

As tentativas de evitar que o projeto nacional fosse definitivamente borrado pela derrota levaram a diversas reelaborações da memória de 1950. Todas, porém, têm como ponto comum a culpabilização de um nome: o goleiro Moacyr Barbosa — ironicamente apontado como o goleiro favorito de Getúlio. Único jogador autorizado a usar as mãos dentro da área, último homem, guardião, Barbosa naquele 16 de julho era o guarda-metas da nação que não poderia falhar naquele instante decisivo.

Barbosa, negro, 28 anos, considerado até então o melhor goleiro do Brasil, não era um integrante qualquer do universo do futebol nem sua carreira se restringe aos dois gols que não defendeu do Uruguai. Titular 42 vezes da seleção brasileira, abandonou o futebol em 1962, após 20 anos defendendo o gol do Vasco da Gama (Jornal do Brasil, 11/6/1997). Nesse período, jogando pelo famoso "Expresso da Vitória" do Vasco, primeiro clube grande a institucionalizar a presença de negros em suas equipes (Filho, 1964), conheceu momentos de glória e acumulou títulos importantes, como os de campeão carioca quatro vezes em cinco anos — 1946, 1947, 1949 e 1950. Participou ainda da equipe do Vasco que conquistou um dos primeiros títulos internacionais do futebol brasileiro: o de campeão sul-americano de 1948.

Um candidato a bode expiatório, portanto, muito mais atraente, por exemplo, do que Bigode, o apenas esforçado lateral do Flamengo e que fora driblado por Ghiggia nos dois gols uruguaios. Assim como certas tribos de antropófagos recusam-se a comer prisioneiros que julgam fracos ou covardes, por verem nesse ritual uma forma de se reabastecer por inimigos poderosos, a escolha de Barbosa também era diretamente proporcional ao investimento afetivo feito nele por torcida, companheiros de time e imprensa.

Por toda a carga afetiva que a envolve, a derrota de 1950 se tornou a principal contraface da glória do único país a conquistar cinco vezes a Copa do Mundo de futebol. Tal simbolismo continua se renovando mais de meio século depois, quando, por exemplo, a torcida uruguaia ergueu, no último jogo pelas eliminatórias para a Copa do Mundo de 2002 com o Brasil, uma bandeira com mensagem tão telegráfica quanto significativa: "1950" (O Globo, 2/7/2001), numa tentativa de desestabilizar os adversários.

Esta pesquisa se propõe a examinar a memória da Copa de 1950, tendo como fio condutor Barbosa, como melhor síntese do jogo dos contrários glamour/tragédia que funda o futebol. O desenvolvimento deste trabalho se sustenta no papel desempenhado pelos meios de comunicação, centralmente os jornais e, acessoriamente, quando pertinente, outras mídias, como senhores da memória de uma dada sociedade e principais responsáveis pelas diferentes reelaborações da derrota de 1950.

O recorte do tema foi pensado a partir de representações da memória de 1950 nos jornais, desde a construção do clima da vitória inevitável à leitura da derrota e as suas diferentes reelaborações, sempre tendo Barbosa como personagem central. Além disso, para a reconstituição do cenário de 1950 e pós-1950 recorreu-se a livros, como *Anatomia de uma derrota* (Perdigão, 2000), *Dossiê 50* (Moraes Neto, 2000), *Barbosa* (Muylaert, 2000), e ao capítulo "Barbosa" do livro *Os três tempos do jogo: anonimato, fama e ostracismo no futebol brasileiro* (Souto, 2000).

Esse trabalho de reconstrução foi cruzado com textos estudados ao longo do meu curso de mestrado na Universidade Federal Fluminense (UFF), finalizado em julho de 2000, e aos quais se acrescentaram outros que pareceram úteis para o desenvolvimento desta pesquisa e que se encontram listados na bibliografia desta obra.

A hipótese central é que a derrota de 16 de julho tornou-se uma das maiores tragédias da história contemporânea do país e Barbosa seu símbolo mais emblemático. Quais foram as razões dessa construção? E, sobretudo, como a mídia — representada particularmente pelos jornais diários — participou da construção dessa imagem-símbolo? Ao se analisar a fama no mundo moderno, permeado pela comunicação de massa, procura-se, a partir do estudo de caso de Barbosa, entender-se, ainda, por que muitos dos grandes ídolos do futebol têm finais tão trágicos, que se contrapõem à visão glamourosa desse esporte enfatizada pelo senso comum. Nesse caso, busca-se comprovar se a tensão entre identidade pública e privada seria a origem desse fenômeno social.

Este livro foi desenvolvido em quatro capítulos. No primeiro, enfoca-se o momento fundador do futebol como ideologia nacional, que funde os diferentes atores sociais numa única identidade, embora essa unidade não apague as contradições sociais e as apropriações divergentes. A fundação do Maracanã nesse período vem fornecer um palco à altura do fenômeno social que já se expandira por todo o país e tomava conta dos jornais da época. Nessa parte, comparam-se os mitos políticos, tal como estudados por Raoul Girardet (1986) e Mircea Eliade (1969, 1994), com seus equivalentes no universo do futebol. Enfatiza-se ainda a construção da identidade do esporte e dos símbolos que permitem que os diferentes atores desse mundo desenvolvam noções de pertencimento, além da contextualização que agrega esses novos símbolos à identidade nacional. O papel desempenhado por Barbosa como o guardião da nação também começa aqui a ser esboçado.

O segundo capítulo analisa a elaboração da memória de 1950, a partir dos jornais como senhores das diversas elaborações da derrota. E ainda como, por meio da construção do mito do "frango" de Barbosa, contribuíram para a representação da imagem do "culpado pela derrota".

No capítulo seguinte, discute-se a constituição do fã como um lugar de memória a partir das concepções de Pierre Nora (1984). Analisa-se, também, como, na ausência ou no esmaecimento dessa referência como contraponto, a culpabilização de Barbosa pelos jornais cresce após o encerramento de sua carreira, em 1962. Trata-se, ainda, das relações assimétricas entre fãs e ídolos e da tensão entre identidade pública e privada dos craques. Em todo esse processo, os jornais recorrem à objetividade para recordar ou esquecer as diferentes identidades que atribuem a Barbosa, cruzando-as com contextos sociais variados. Cotejou-se, por fim, o tratamento dado pelos jornais ao ex-goleiro com o estudo de Goffman (1975) sobre pessoas estigmatizadas ou estigmatizáveis.

No quarto capítulo retoma-se e aprofunda-se a discussão sobre o papel dos jornais como guardiões da memória. Também se analisa como eles reelaboram o papel de Barbosa no 16 de julho a partir do noticiário sobre sua morte, em 7 de abril de 2000, pouco antes de a derrota de 1950 completar seu primeiro cinquentenário. Essa reelaboração se dá, inclusive, pelas não notícias, como no *Jornal Nacional* que ignorou a morte do ex-goleiro. Compara-se ainda o tratamento dado pela imprensa à morte de outros participantes do 16 de julho e como, nesse processo, Barbosa continua a ser a principal face da derrota, mesmo quando os jornais, numa reelaboração tardia, o apontam como "injustiçado".

As diferentes identidades atribuídas a Barbosa pela imprensa — "o melhor goleiro do Brasil"; "o culpado pela derrota"; "o abandonado em busca de ajuda" e "o injustiçado" — são informadas pela objetividade jornalística, que, como processo socialmente construído, vai sendo moldado pelos diferentes contextos. Este livro indica que, cerca de 50 anos depois, o 16 de julho continua a servir de data de referência, acionada principalmente na véspera das partidas contra o Uruguai e nas participações da seleção brasileira nas Copas do Mundo, pelo menos até uma tragédia esportiva maior, o 7 a 1, para a Alemanha, na semifinal da Copa de 2014, também realizada no Brasil, em outro contexto político e esportivo.

Como fonte privilegiada para a nossa análise, escolhemos alguns dos periódicos mais importantes dos diversos períodos-chave, lidos na perspectiva de construtores da memória de uma determinada época. Trabalhamos com a hipótese da derrota como uma das maiores tragédias da história contemporânea do Brasil e como a trajetória de Barbosa, da glória à tragédia, foi, em certa medida, forjada pela imprensa, ao se colocar ora do lado do silêncio, ora do lado da lembrança.

CAPÍTULO I

O NASCIMENTO DA PAIXÃO E A GÊNESE DA DERROTA

Num esporte, como o futebol, cuja emoção assenta-se justamente na imprevisibilidade, em contraponto a outros, como o voleibol e o basquete, nos quais as regras quase sempre sancionam a superioridade de um dos contendores, a derrota de 1950 não pode ser entendida em toda a sua dimensão dramática e histórica se for reduzida a um fenômeno esportivo. O mesmo processo aplica-se à análise do contexto que destinou a Barbosa o papel de principal vilão da derrota, a ponto de ele declarar, por mais de uma vez, até morrer, em abril de 2000: "Aqui neste país a condenação máxima de um criminoso é de 30 anos. Eles estão me cobrando há 47 anos" (Telejornal Brasil, SBT, 30/10/1997).

Ao estudar a gênese dos fenômenos que asseguram a eternização de determinados personagens e fatos sociais, em detrimento de outros, Mircea Eliade argumenta que, seja qual for a sua importância, um acontecimento histórico somente perdura na memória popular quando se aproxima de um modelo mítico (Eliade, 1969).

Ao analisar a relação do homem arcaico com a realidade, Eliade observa que, para aquele, a realidade é uma função da imitação de um arquétipo celeste. E acrescenta que os rituais e os gestos profanos significativos só assumem o significado que lhes é atribuído por repetirem deliberadamente atos praticados originalmente por deuses, heróis ou antepassados (Eliade, 1994). Embora o pesquisador restrinja essas interessantes observações ao homem arcaico e faça claras distinções entre este e o homem moderno — ao qual atribui uma concepção histórica —, algumas aproximações, sobretudo adotando-se uma visão menos etnocentrista, podem nos permitir apontar diversos comportamentos comuns a ambos, estendendo, assim, tais características ao homem moderno.

Ao longo deste texto, vários exemplos serão usados para sustentar tal apropriação particular da visão do estudioso romeno, mas desde já se pode apontar a permanente tensão que marca as relações entre sagrado e profano que a crescente mercantilização do futebol, longe de atenuar, apenas intensificou. Ou ainda a analogia entre os rituais praticados e reatualizados pelos torcedores/homens modernos nos estádios e nas ruas para reafirmar a fé depositada em seus ídolos e clubes e os devotados pelo homem arcaico a suas divindades.

Eliade observa ainda o estranhamento provocado no homem de culturas arcaicas pela história, o que o levaria a aboli-la periodicamente. Mais uma vez pode-se recorrer a uma observação do próprio pesquisador para tentar estender sua aplicação ao homem moderno. Para ele, o mito torna-se mais verdadeiro à medida que confere à história um sentido mais profundo e mais rico, ou ainda, revela um destino trágico.

Nossa pesquisa procura comprovar ser esse exatamente o caso eternizado pela derrota de Barbosa e seus companheiros na Copa de 1950, ainda que esse destino trágico tenha sido, em sua essência, uma reatualização midiática. É, portanto, a ação midiática para a construção dos mitos modernos, atualizados também pela memória forjada de uma determinada época, que nos interessará nos dois primeiros capítulos.

Como salienta Durkheim, citado por Girardet, "quando a sociedade sofre, ela sente necessidade de encontrar alguém a quem possa imputar seu mal, sobre quem possa vingar-se de suas decepções" (Girardet, 1986, p. 55). Dessa forma, o mal que se sofre e, mais ainda, aquele que se teme concretiza-se na forma de um rosto e de um nome. Principais detentores da memória de 1950, os jornais brasileiros, com sua linguagem sintética, com raízes telegráficas e reducionistas, cumpriram papel decisivo, como se analisará com maior profundidade nos capítulos seguintes, na transformação de Barbosa no rosto e no nome da derrota.

Como observa Girardet, a personificação do mal e a redução à unidade poupam suas vítimas da menos suportável das ansiedades: a do incompreensível. Nesse sentido, o mito do "frango" de Barbosa une grupos opostos e/ou heterogêneos na sua explicação/revelação. A inquietação causada pelo fenômeno da derrota, que se mostra mais assustador sem uma explicação que possa ser aceita coletivamente, une numa mesma situação de pertencimento os mais diversos agentes sociais.

Maior jogador de todos os tempos, Pelé, que se sagraria campeão do mundo oito anos depois da derrota de 1950, por exemplo, declarou: "Eu também com apenas 9 anos participei daquela imensa tristeza" (Placar, 20/8/1971). Já o roteirista Jorge Furtado, que sequer era nascido à época, tentou reelaborar o sentimento de perda, realizando, em parceria com Ana Azevedo, o curta *Barbosa*, no qual o personagem volta ao tempo para tentar, em vão, avisar ao goleiro brasileiro que a bola iria entrar rasteira no canto esquerdo. Frustrado o intento, resignou-se: "Nunca mais seremos campeões do mundo de 50" (Moraes Neto, 2000, p. 30). Também o jornalista e escritor Carlos Cony percebeu na derrota uma argamassa que solidificou o sentimento pátrio: "Quem passou pelo 16 de julho de 1950 merece um monumento coletivo, como o Túmulo do Soldado Desconhecido. São essas coisas que formam uma pátria, um povo encharcado em sua dor" (Cony, 1999 *apud* Moraes Neto, 2000, p. 30).

Esses depoimentos materializam a observação de Girardet de que pelos sonhos é que uma sociedade revela com mais segurança algumas de suas desordens e alguns de seus sofrimentos (Girardet, 1986). No volume VI do afresco que constitui *Os homens de boa vontade*, de Jules Romains, um dos personagens, Clanricard, evoca "a solidão estranha do homem na sociedade moderna" (Girardet, 1986, p. 61). Clanricard refere-se "à necessidade desesperada de agarrar-se a um grupo, a uma coletividade estreitamente unida e conduzida por um ideal". O personagem de Romain identifica na igreja tal depositário.

Na sociedade brasileira, por razões que serão abordadas a seguir, o futebol conseguiu constituir-se como um campo encharcado pelo sagrado. Essa presença faz-se presente nos mais diversos rituais, como o hábito de torcedores e jogadores benzerem-se antes de o jogo começar ou recorrer a medalhas e imagens de santos, aos cânticos entoados nos estádios, que demarcam territórios ("Rarrá, rurru, o Maraca é nosso!"), compartilham alegrias ("Ah, eu tô maluco!") ou visam a intimidar os inimigos ("Cambada de bundão, quem manda nessa porra é a torcida do Fogão!").

A crise da modernidade, acirrada pela globalização, reforçou a necessidade de os homens reconhecerem-se em torno dos mesmos símbolos e de uma mesma liturgia, como pregava Clanricard. Registre-se que as liturgias do futebol, com seus cânticos, estandartes e estreitamento da noção de pertencimento, não se contrapõem à fé religiosa, embora pastores, papas e bispos de algumas igrejas as possam ver como concorrenciais (Souto, 2000). É verdade, como se tratará no capítulo três, que a presença do sagrado convive em permanente tensão com o profano, tensão acirrada pela crescente mercantilização do jogo. O que cabe destacar agora é que, embora o acirramento do mercantilismo tenha borrado o sagrado, este se mantém fortemente vinculado ao futebol no Brasil.

Resta examinar as razões que levaram o futebol a tornar-se um dos principais elementos fundadores da identidade nacional. Fazer uma historiografia do futebol fugiria em muito do alcance e das pretensões deste texto, mas é indispensável analisar alguns dos seus momentos fundantes como ideologia do povo e que são cumulativos para a construção da memória da Copa de 1950.

1.1 O futebol como ideologia do povo[2]

Penso que entre povos sem longo passado, como o nosso, torna-se freqüentemente tirânica a ambição de forçar um passado artificial.

(Sérgio Buarque de Holanda, Diário Carioca, 16/7/1950)

Introduzido no país pelos ingleses para ser um jogo de migrantes estrangeiros — o que explica boa parte do fascínio que exercia sobre a elite local —, o futebol, desde o início do século passado, já ocupava papel destacado na constituição da identidade nacional. Na visão de Mario Filho, jornalista e pesquisador desse esporte, a historiografia do futebol no país poderia ser resumida, grosso modo, em três momentos distintos: 1900-10, quando se restringia a um esporte de elite; 1910-20, quando se dá a aproximação de outros grupos sociais, mas se mantém a exclusão de negros e pobres; e a partir de 1930, quando ocorre a ascensão social do negro (Filho, 1964).

Sem desmerecer o importante papel desempenhado por Filho na divulgação do futebol e na defesa desse esporte como fator de integração nacional, acima de conflitos de classe, etnia ou raça, conforme os preceitos da Era Vargas, que se estenderam para além do fim formal do governo Getúlio Vargas, a aceitação passiva dessa taxionomia não dá conta da amplitude da participação dos grupos populares — e que não possuem seus próprios historiadores — na fundação do futebol como elemento vital da identidade nacional.

O senso comum, reproduzido e realimentado por boa parte dos jornais, limita a historiografia do futebol ao esporte jogado nas ligas oficiais, daí a familiaridade do torcedor com nomes como Oscar Cox e Charles Miller, introdutores do jogo no país, respectivamente, em 1897 (Rio de

---

[2] Pode-se entender ideologia como uma das dimensões do social, isto é, como um sistema composto de vários elementos (relações de dominação, estruturas de poder etc.), ligados entre si por uma complexa rede de interações. Sobre ideologia vide ainda: Cardoso e Brignoli (1977); Navarro (1983); Véron (1980); e Williams (1979).

Janeiro) e 1894 (São Paulo). Grande parte da popularização do futebol dá-se, no entanto, pelas partidas disputadas em ligas não oficiais, nas fábricas, nas escolas, nos campos de subúrbio e onde quer fosse possível reunir um bando de aficionados dispostos a jogar o ainda chamado *football*. Excluídos dos campos, sem dinheiro para pagar as altas mensalidades cobradas pelos clubes granfinos da Zona Sul do Rio ou para comprar entradas para os jogos oficiais, essa multidão formada por pobres, mulatos e negros aglomerava-se em telhados, morros e outros pontos elevados para assistir às partidas da liga (Pereira, 2000).

O estranhamento entre um esporte de prática e linguagem estrangeiras — o que deveria limitar seu acesso à elite local — e sua apropriação por setores sociais brasileiros mais amplos já provocava, em 1917, debates apaixonados clamando por

> [...] uma campanha em prol da defensão [*sic*] da soberania da nossa língua, expurgando-a destes anglicismos que estão a desvirtuá-la, convencionando ou aproveitando palavras portuguesas correspondentes aos termos ingleses empregados na técnica do futebol [*sic*] (Pereira, 2000, p. 307).

A realização dos campeonatos sul-americanos de seleções, em particular a competição de 1919, ocorrida no campo do Fluminense, no Rio de Janeiro, foi um marco a irmanar os *sportmen* das ligas e os aficionados das elites e os praticantes e torcedores alijados dos certames oficiais num coro cívico em defesa da pátria em chuteiras. Apinhados nas partes menos nobres do estádio ou — em sua esmagadora maioria — nos morros e nas cercanias do campo das Laranjeiras, os variados grupos de trabalhadores brancos, negros e mulatos iam fazendo do sentimento de pertencimento a uma mesma nação um meio de afirmação do seu próprio valor. Esse compartilhar coletivo evidentemente não anulava as tensões latentes nos diferentes sentidos que aqueles heterogêneos espectadores iam construindo para a sensação que experimentavam durante a competição. As construções diferenciadas, e mesmo antagônicas, porém, não anulavam o sentimento de pertencer a uma mesma e ampla comunidade nacional.

Tais apropriações distintas também não impediram que, no momento do gol do time brasileiro, que, na partida final, após duas prorrogações, venceu o selecionado uruguaio por 1 a 0, estourassem manifestações uníssonas de "Viva o Brasil!" saudando os jogadores nacionais e acompanhadas do desfraldar de bandeiras do país. Longe de se restringir ao futebol, esse fervor nacionalista guardava larga e longa consonância com outros movimentos em desenvolvimento e/ou em gestão em todo o país e que teriam nas insurreições tenentistas uma das suas mais poderosas condensações. A força com que se materializava no futebol nutria-se, porém, justamente dos sentidos diferenciados que os diversos atores sociais lhe atribuíam.

O grau de investimento afetivo nesse esporte pelos diversos atores sociais chamou a atenção do presidente Getúlio Vargas, que registrou em seu diário a comoção social causada pela derrota da seleção brasileira para a italiana, que eliminou o país nas semifinais da Copa de 1938, na Itália: "O jogo monopolizou as atenções. A perda do *team* brasileiro para o italiano causou uma grande decepção e tristeza no espírito público, como se se tratasse de uma desgraça nacional" (Pereira, 2000, p. 13).

A percepção dos eventos esportivos, e do futebol em particular, como espaços privilegiados de reafirmação, difusão e fortalecimento do projeto nacional deflagrado pela Revolução de 1930 estreitou as relações entre o Estado e o nascente e popular esporte, principalmente a partir da segunda metade do governo Vargas. Não por acaso, o chefe da delegação brasileira na Copa de 1938, na França, foi Lourival Fontes, que, depois de presidir o Departamento Nacional de Educação Física, seria promovido a chefe do Departamento de Imprensa e Propaganda (DIP)[3] getulista.

Obedecidas algumas particularidades, as relações do Estado com o futebol seguiam os principais paradigmas do projeto nacional da Era Vargas, como a integração massa-governo-Estado, marcada pela diluição de aspectos conflituosos que pusessem em risco o projeto maior. A crescente aceitação e legitimação dos primeiros grandes ídolos profissionais do

---

[3] O Departamento de Imprensa e Propaganda (DIP) nasceu em 1939. Em 1934, surgira o Departamento de Propaganda e Difusão Cultural, dirigido por Lourival Fontes e que organizava exposições comemorativas, publicava propaganda do Estado e respondia pela transmissão da *Hora do Brasil*, programa radiofônico criado pelo regime em 1941. O papel policial, nesse período, era exercido por outro órgão, o Serviço de Divulgação, que funcionava anexo ao gabinete do chefe de polícia da capital, Filinto Müller. O DIP surge da junção dessas duas atividades sob uma mesma direção: Lourival Fontes. Filinto Müller permanece chefiando o Serviço de Inquéritos Policiais e Sociais (SIPS). A partir de 1939, a atuação de ambos volta-se para "a elucidação da opinião nacional sobre as diretrizes doutrinárias do regime em defesa da cultura, da unidade espiritual e da civilização brasileira". Ao SIPS cabe ser o informante, o controlador permanente do cotidiano. A tarefa do DIP era reunir informações, selecioná-las e usá-las para controlar a produção discursiva da época. Contava com cinco grandes divisões: Divulgação (veiculação e controle do discurso); Radio-Difusão (comandando o então principal meio de comunicação de massa); Cinema e Teatro (vigiando duas formas de expressão tradicionalmente críticas); Turismo (sem muita expressão); Imprensa (responsável pelo controle da informação direta de jornais, revistas ou livros). Abrangendo todas as áreas da produção discursiva, difunde a ideologia estadonovista. Sobre DIP e Estado Novo ver Schwartzman (1984); Jesus (1987); e Gomes (1988).

futebol brasileiro — o zagueiro Domingos da Guia e o atacante Leônidas da Silva, ambos negros — encontrava respaldo teórico na afirmação de ideias de intelectuais como Gilberto Freyre, de valorização da miscigenação, em oposição a teorias de apartamento social.

Realizada um ano depois da decretação do Estado Novo, a Copa do Mundo de 1938, na França, foi o desaguadouro de todo esse processo de embates e tensões que marcara a história do futebol no Brasil desde sua introdução. Pela primeira vez, o país era representado por um verdadeiro "*scratch* do Brasil", livre das divisões entre amadores e profissionais; das restrições à presença de jogadores negros e pobres; e das rixas entre Rio de Janeiro e São Paulo, que afastaram os jogadores deste estado da competição anterior, em 1934, na Itália. A situação gerada por essa suspensão de tensões liberou expectativas inéditas entre os torcedores nacionais. "Raras vezes a pátria terá exigido tanto de seus filhos, nunca tantos sofreram por tão poucos", sintetizaria ainda muitos anos depois Décio de Almeida Prado (Prado, 1997 *apud* Pereira, 2000, p. 330).

Muito além de explicar o fato em si, a memória da derrota para a Itália por 2 a 1, na semifinal da Copa de 1938, também serve de ontologia para a tragédia de 1950, doze anos mais tarde. As explicações mais aceitas pelo senso comum, elaboradas e divulgadas pela imprensa, engendravam uma contradição que seria radicalizada em 1950. A versão hegemônica culpava a ausência do atacante Leônidas da Silva — maior ídolo nacional dos anos 1930 e 1940 — e, principalmente, o árbitro, que, na condenação unânime da imprensa nacional, "inventara" um pênalti do zagueiro Domingo da Guia — um dos dois principais ícones daquele time ao lado de Leônidas e que, na véspera, prometera fazer a maior partida da sua vida, para compensar o desfalque do companheiro (Jornal dos Sports, 16/6/1938).

Outra explicação, porém, e sua gênese se cruzava com a dos preconceitos cuja suspensão — mas não anulação — permitira formar uma seleção "de unidade nacional", culpabilizava "a violência do jogador brasileiro", materializada no pontapé que Domingos teria desferido num adversário e que teria causado o pênalti que selou a derrota. Registre-se que, embora na aparência contraditórias, ambas as formulações se completam e estão na raiz da memória da Copa de 1950. Para aplacar a sede da pátria, que nunca exigira tanto de seus filhos e nunca sofrera por tão poucos, era preciso forjar uma memória que desse à derrota um caráter excepcional. A versão da "parcialidade" do árbitro — que seria reatualizada e reafirmada pela vitória sobre a Suécia, assegurando ao país o terceiro lugar — tinha o mérito por sua vitalidade de catalisar a ação de "42 milhões de inimigos pessoais" do árbitro (Jornal dos Sports, 13/6/1938).

Somadas e misturadas, ambas ajudavam a aplacar a necessidade de uma sociedade que sofria para "encontrar alguém a quem pudesse imputar seu mal e sobre o qual pudesse vingar-se de suas decepções" (Girardet, 1986). A personificação do mal, materializada na figura do árbitro — "o estrangeiro" premeditado a prejudicar a pátria brasileira — e na "violência do jogador brasileiro", poupava às vítimas daquele sofrimento a ansiedade do incompreensível.

A primeira, por seu caráter conspiratório, apelava fortemente ao sentimento de unidade nacional. A segunda, além de reafirmar preconceitos suspensos, porém latentes, contra jogadores de origem popular — e não especificamente contra Domingos, que manteve e ampliou seu prestígio após a Copa —, significativamente seria com mais força acionada durante as várias reelaborações da memória de 1950, quando cronistas como Mario Filho lamentariam que o Brasil fora violento quando não deveria (em 1938) e apanhara quando "devíamos dar" (1950) (Filho, 1994, p. 199).

Esse aspecto voltará a ser retomado no capítulo seguinte. Por ora, o mais importante, aqui, é que o balanço principal sobre a participação do Brasil na Copa de 1938 foi fundamentalmente positivo, constituindo--se de longe na melhor participação do país nos três mundiais até então realizados. O incremento extraordinário que isso trouxe para uma ainda maior divulgação do futebol no país e para o aumento da autoestima dos torcedores nacionais não passou despercebido pelo governo getulista. Tratava-se agora de erguer um templo à altura de tamanha façanha.

Já em 1938, o secretário-geral do Interior e Segurança do governo Getúlio Vargas, Átila Soares, após ressaltar o papel do Brasil na Copa de 1938, na Itália, como "propaganda da maior eficiência" (Correio da Manhã, 8/6/1938) do país, defendia, com a Prefeitura do então Distrito Federal, a importância da realização de um campeonato mundial em território nacional. Para garantir esse feito, Soares sugeria a construção de "uma praça de *sports* à altura do acontecimento".

> Todos os países modernos possuem, hoje, stadiuns gran-
> diosos onde não só fazem realizar suas competições des-
> portivas como também suas realizações cívicas de caráter
> imponente. O Brasil não conta ainda com essa organização,

tão necessária à sua formação cívica e física. São essas razões fundadas, aliás, nas linhas mestras da estrutura do Estado Novo que me impelem de sugerir a v. ex. a construção pela prefeitura de um stadium monumental onde esse e outros certames internacionais e nacionais possam ser realizados condignamente. (Correio da Manhã, 8/6/1938, grifo nosso).

1.2 O nascimento-relâmpago do Maracanã: o maior templo mundial do futebol

Jamais poderia imaginar que hoje eu, que estava na final de 50 fazendo policiamento na arquibancada, poderia estar aqui dando esta entrevista como campeão do mundo.

(Zagallo apud Moraes Neto, 2000)

Naquele mesmo ano, o jornalista Célio Negreiros de Barros, representante da então Confederação Brasileira de Desportos (CBD) no Congresso da Federação Internacional de Futebol Associado (Fifa), realizado em Paris, lançou oficialmente a candidatura do Brasil para sediar a Copa de 1942. A II Guerra Mundial, no entanto, levou ao cancelamento das Copas de 1942 e 1946. Com o fim do conflito, as negociações nos bastidores da Fifa foram retomadas e, no congresso da entidade em 1946, em Luxemburgo, o Brasil, favorecido pela situação econômica da Europa no pós-guerra, teve seu pleito acolhido, situação que seria ratificada, dois anos depois, durante o encontro da Federação, na Inglaterra.

O fato de assumir a realização do mundial como parte do projeto nacional e seu entrelaçamento com os jornais estão bem sintetizados na manchete dedicada pelo jornal *O Globo*, de 27 de julho de 1948, à decisão final da Fifa: "Vamos organizar o maior campeonato do mundo." A promessa-declaração reproduzia as palavras do representante brasileiro no congresso, Luís Aranha. Não menos entusiástica foi a reação do *Correio da Manhã* do mesmo dia: "Pode-se entrever o que isso irá significar para nós, nesta época em que o esporte brasileiro lança-se entusiástica e positivamente no cenário internacional: para aqui convergirão as atenções de milhões de torcedores do mundo todo."

A euforia que saltava das páginas do noticiário revela a atualidade de antiga percepção de Girardet de que os tempos de efervescência mítica ocorrem, em geral, nos momentos em que os processos de mudança aceleram-se, "em que os antigos equilíbrios acham-se cada vez mais poderosamente questionados" (Girardet, 1986, p. 133). Com o Brasil sob o impacto do fim da II Guerra Mundial e do Estado Novo e ainda sob a herança da Era Vargas, a realização do "maior campeonato mundial" era uma oportunidade ímpar para o país se reafirmar aos olhos do mundo. A necessidade de legitimação externa não se restringia ao esporte, também se fazendo presente nas ações políticas e econômicas do Estado Novo, nesse particular repetindo antiga necessidade das elites locais.

Significativamente, a luta pela construção de um estádio que atendesse aos padrões exigidos pela Fifa para esse tipo de competição repetiu a polarização das principais forças políticas que se opunham no plano nacional. Não por acaso, coube às forças mais abertamente antigetulistas, como o lacerdismo, se oporem à construção do estádio tal como pretendido pela tropa getulista que encabeçava o projeto, como o prefeito do Distrito Federal, general Ângelo Mendes de Moraes.

Embora o país vivesse sob o monetarismo antidesenvolvimentista do governo Eurico Dutra, os ecos da Era Vargas seguiam conformando fortemente a sociedade brasileira, e seus marcos fundadores — a serem retomados e aprofundados no segundo Governo Vargas — encontravam-se então, no essencial, intactos. Conceitos que, 40 anos depois, se veriam borrados ou postos até em questão, como a necessidade de um projeto nacional, eram fortemente hegemônicos. Nesse cenário, as forças pró-Maracanã, que contaram na imprensa com o apoio decidido do jornalista Mario Filho — o qual, após sua morte, batizaria oficialmente o estádio —, se impuseram e conquistaram o aval do próprio Dutra para que a obra fosse financiada pela prefeitura.

O envolvimento do Estado com a construção do estádio reproduzia o papel que lhe era destinado dentro da herança da Era Vargas, de indutor do desenvolvimento, mobilizador de recursos e financiador de projetos urgentes e carentes de investimentos longe do alcance e/ou do interesse privado. A própria velocidade com que se passou da autorização para a obra, concedida pela Câmara de Vereadores do Rio, em 29 de outubro de 1947, para o início da construção também é reveladora do empenho para erguer o estádio.

Em 14 de novembro do mesmo ano, o prefeito Mendes de Moraes assinou lei autorizando a construção, pôs à venda 30 mil títulos de cadeiras cativas (válidas por cinco anos) e o mesmo número de cadeiras perpétuas. Em 20 de janeiro de 1948, Dia de São Sebastião, padroeiro da cidade-estado, era lançada a pedra fundamental do futuro estádio, a apenas dois anos, cinco meses e quatro dias da data prevista para a abertura da Copa. O pouco tempo para concluir a obra preocupou e mobilizou a Fifa, cujo presidente, Jules Rimet, veio ao Brasil, certificar-se do sucesso do mundial.

A mobilização nacional, que incluiu a liberação de subvenção federal para a realização do evento, permitiu que o estádio fosse erguido no tempo recorde de um ano, dez meses e seis dias. Para isso, cerca de 1.500 operários da Superintendência de Transportes da Municipalidade se juntaram aos 3.000 já contratados pela Administração Municipal do Estádio Municipal (Adem). Foram consumidos 464.950 sacos de cimento, 45.757 metros cúbicos de areia, 10,5 milhões de quilos de ferro, 193 mil quilos de pregos e 993.429 tijolos para erguer em 55.132 metros cúbicos de concreto o maior estádio do mundo, superando o de Hampden-Park, na Escócia e que até então ostentava esse título, com capacidade para 140 mil pessoas (O Globo, 15/6/1950).

Concebido pelos arquitetos Pedro Paulo Bernardes Bastos, Rafael Galvão, Antônio Augusto Dias Carneiro e Orlando da Silva Azevedo e construído pelo consórcio formado por Construtora Nacional, Cavalcanti Junqueira, Dourado S. A., Humberto Menescal, Criatiani & Nielsen e Severo Vilares Ltda., o Estádio Municipal tinha capacidade prevista para 155.067 espectadores, com área projetada de 76.071 m², perímetro de 800 metros e altura máxima de 30 metros. O gramado tinha 75 metros de largura e 110 metros de comprimento.

Embora durante muitas décadas o estádio permanecesse inacabado, a conclusão das obras fundamentais permitiu sua inauguração e seu uso, coroou e confirmou o projeto de garantir um templo à altura do papel já ocupado pelo futebol brasileiro. A proeza foi saudada pelo prefeito Mendes de Moraes como "prova imortal da grandeza de nosso povo" (Perdigão, 2000, p. 38). O entusiasmo não se limitava à retórica política, sendo compartilhado pelos setores da imprensa que abraçaram o projeto. Principal porta-voz do movimento pró-Maracanã, o *Jornal dos Sports* apontou o Estádio Municipal — primeiro nome da praça de esportes — como "o mais novo cartão-postal do Brasil" (16/5/1950). Em sintonia com o valor simbólico que o futebol adquirira para os brasileiros, o jornal de Mario Filho ia além: "Um cartão-postal que vale mais do que o Pão de Açúcar, do que o Corcovado, do que a Baía da Guanabara, porque é obra do homem, uma prova da capacidade de realização do brasileiro".

Diante dessa capacidade de realização coletiva, o jornal concluía que a conquista da Copa seria um desdobramento natural daquela primeira vitória, bastando que "nossos jogadores apresentem em campo o mesmo espírito de luta, a mesma disciplina de trabalho, a mesma dedicação que os outros brasileiros que tornaram possível, com a construção do estádio, a realização do magno torneio em nosso país...". A exortação do jornal reproduzia e reafirmava princípios caros à herança getulista e ao pensamento ideológico predominante naqueles anos marcados também pela Guerra Fria, como a valorização da disciplina em oposição a práticas conflituosas; a dedicação e o espírito de luta, valores essencialistas para reafirmar a possibilidade de mobilidade social como arrefecedora da luta de classes.

Também não deve ser visto como mera coincidência o fato de a inauguração do estádio, em 16 de junho de 1950 — exatamente um mês antes da partida final contra o Uruguai —, ocorrer no mesmo dia em que a candidatura de Getúlio Vargas à presidência da República foi homologada pelo Partido Trabalhista Brasileiro (PTB), um dia após ter sido lançada em manifesto lido pelo governador de São Paulo, Adhemar de Barros. Em todo esse processo, a imprensa teve papel decisivo para marcar a construção do estádio como um momento de inflexão em que, definitivamente, o futebol brasileiro consolida e expande o papel que já ocupava como símbolo da sociedade brasileira.

> Hoje, o Brasil possui o maior e mais perfeito estádio do mundo, dignificando a capacidade de seu povo e a sua evolução em todos os ramos da atividade humana. Há muito que se conhecia a força e a eficiência do atleta do Brasil. Mas tornava-se necessário projetar essa força e essa eficiência, agora temos um palco de proporções fantásticas para que o mundo inteiro possa se encontrar na admiração de nosso prestígio e de nossa grandeza esportiva (Diário da Noite, 9/5/1950).

A empolgação demonstrada pelo *Diário da Noite* sintetizava o sentimento que tomara conta dos brasileiros com a inauguração do estádio: finalmente, o Brasil tinha um templo à altura, não apenas do seu futebol, mas da sua grandeza como nação. O reconhecimento não se limitava às fronteiras do país. Depois da derrota da seleção espanhola para a brasileira por 6 a 1, o zagueiro direito da Espanha Gabriel Alonso divinizou a derrota: "Sabíamos antes de entrar em campo que íamos enfrentar homens divinos que haviam erguido aquele monumento ao futebol" (Perdigão, 2000).

Nesse quadro, não é exagero atribuir ao novo estádio o papel de uma entidade equivalente a um salvador, o qual, como assinalado por Girardet, permite que os homens tenham as mesmas emoções a partilhar, dividam os mesmos fervores e as mesmas esperanças. Tendo no Maracanã seu principal território, a seleção servia de catalisador da unidade e das esperanças nacionais. Duas semanas antes da estreia, contra o México, em 24 de junho, uma caravana de artistas da MPB, comandada por Herivelto Martins — integrante do Novo Trio de Ouro, ao lado de Nilo Chagas e Noemi Cavalcanti —, apresentou-se na concentração do Joá para os craques brasileiros para levar "o estímulo de suas canções e de seus chorinhos" (O Globo, 10/6/1950).

Era nesse cenário que o templo do Maracanã parecia destinado a acolher Barbosa e seus companheiros como futuros deuses que levariam a nação ao Olimpo, com a conquista da sua primeira Copa do Mundo. Se a seleção tinha como seu comandante Flávio Costa, treinador do Vasco da Gama, e seu principal craque em Zizinho, Barbosa estava destinado, pela particularidade da sua posição de goleiro, a ser o guardião da nação, o último homem, o único que não poderia ser batido. Único jogador autorizado a segurar a bola com as mãos dentro do seu território — a área —, o goleiro é também o mais isolado deles, aquele que, geralmente, permanece solitário nas comemorações dos gols do seu time e tem como principal missão ser o desmancha-prazeres que evita os tentos dos adversários. As diferentes denominações que o definem — porteiro, guarda-metas, arqueiro, guardião, golquíper ou guarda-valas — não deixam dúvidas sobre o caráter simbólico da sua missão.

Barbosa não era um guardião qualquer. Considerado até hoje o melhor goleiro de todos os tempos por companheiros de profissão como Zagallo (O Globo, 5/8/2001), ele era uma das estrelas do Expresso da Vitória do Vasco da Gama, tendo conquistado três títulos de campeão carioca desde que chegara a São Januário, em 1945, e integrado a equipe que ganhara, em 1948, o primeiro título sul-americano de uma equipe brasileira, defendendo, na partida decisiva, pênalti cobrado pelo craque

Labruna, do River Plate. O histórico de Barbosa não deixava dúvidas: o futuro da nação não poderia estar em melhores mãos. Essa convicção coletiva seria, mais tarde, inversamente proporcional ao drama que passaria a viver a partir daquele 16 de julho de 1950.

CAPÍTULO II

A DERROTA COMO MITO

Muita gente não entrou para a história. Eu jamais sairei da história do futebol brasileiro por causa daquele jogo, em 16 de julho de 1950.

(Barbosa apud Moraes Neto, 2000)

Não houve nem as correrias costumazes à saída do estádio. Era uma autêntica retirada que empreendia aquela torcida exausta, coberta de pó e tristeza. Esconderam as serpentinas. Jogaram fora os confetis, entregaram-se ao cansaço. Parecia até a madrugada de quarta-feira de cinzas. Procuramos ouvir, sentir a opinião daquela torcida. Ninguém falava. Só no bonde, passados os primeiros instantes, começaram os argumentos. Procurava-se justificar, ninguém conseguia. Chegou por fim o desabafo: foi o azar. Azar de quê? De muita coisa. Não viram que começamos, hoje, pelo lado contrário? Não viram que pela primeira vez atacamos contra a Avenida Maracanã, de início? Argumentou um. E logo outro: e também que pela primeira vez o Ademir não abriu o escore? Tudo isto deu azar. Só isto, não. Vocês não viram o principal, argumentou um terceiro. O maior azar foi o Mendes Morais. Ele é que foi o culpado [...] O prefeito nunca deve ter ouvido falar em psicologia. Aquela história das duzentas mil pessoas esperando pela vitória e dos cinqüenta milhões querendo o triunfo, deveria ser dita numa situação justamente inversa à da nossa. Se nos sentíssemos inferiorizados, se entrássemos em campo com o moral abatido, convencidos da impossibilidade de vencer. Aí sim um estímulo daquela natureza. Porém nunca na situação de hoje. O prefeito aumentou-lhes a responsabilidade, trouxe mais encargos sobre seus ombros, aumentou o nervosismo, enfim enfraqueceu-os. O fato é que não poderia perder a oportunidade da demagogia... Eram duzentos mil os presentes, sem falar dos rádio-ouvintes...

(Correio da Manhã, na edição de 18 de julho de 1950)

Assim, refletindo o clima de perplexidade que se abateu sobre o país, o *Correio da Manhã*, um dos mais influentes jornais brasileiros da época, registrou na coluna "Notas e Comentários" do seu caderno de esportes de 18 de julho de 1950[4] a derrota da seleção brasileira para o Uruguai, no domingo, 16 de julho, que custou a perda da primeira e, até então, única Copa do Mundo disputada no Brasil. O maior silêncio da história do futebol brasileiro teve início quando mister George Reader, o árbitro britânico, apitou o final da partida, pouco depois de Friaça cobrar um escanteio e com a bola ainda sobre a área uruguaia, onde jogadores das duas seleções preparavam-se para o último confronto.

Eram 16h45min e o Brasil havia perdido a Copa do Mundo, na única derrota sofrida pela seleção em todo o campeonato. O tiro de misericórdia fora dado num chute do atacante uruguaio Ghiggia, a apenas onze minutos do fim da partida, na qual o simples empate bastava para dar ao Brasil o título inédito. A alegria e a vibração exibidas pela multidão de 173.850 pessoas (público oficial, correspondente a cerca de 10% da população da cidade do Rio de Janeiro) antes e durante o jogo transformaram-se no mais eloquente silêncio da história do futebol mundial.

O estilo competitivo e individualista da sociedade brasileira produz contradições curiosas. O segundo colocado não é o segundo melhor entre vários competidores, mas, sim, o exemplo mais emblemático da derrota, como se fora o último colocado. Esse é um componente sociocultural que dá pistas importantes para reconstruir o drama de Barbosa. Ao visitar a então União Soviética e enumerar suas conquistas, o goleiro incluiu entre elas o vice-campeonato mundial. Perguntado sobre o reconhecimento que recebera por tal feito, respondeu: "Não tenho nada. Pelo contrário, me esculhambam! Já me chamaram até de traidor da pátria!" (Moraes Neto, 2000, p. 51). Ouviu como resposta: "Se a gente tivesse conquistado o que você conquistou, a gente estaria no céu."

Tal concepção, e não apenas o mito do "orgulho do novo homem socialista"[5], ajuda a entender por que o Brasil, que ia ganhar 11 deuses

---

[4] Nos anos 50, a maioria dos jornais e revistas do país se concentrava em Minas Gerais e Rio Grande do Sul e nos estados de São Paulo e Rio de Janeiro. Nessa época os jornais se dividiam em matutinos e vespertinos. Os primeiros circulavam nas primeiras horas do dia, enquanto os segundos chegavam às ruas por volta de 11h. Os matutinos não circulavam às segundas-feiras. O *Correio da Manhã* era um dos principais matutinos dos anos 50. Com tiragem variando de 50 mil a 70 mil exemplares, sua influência ia além do número de jornais vendidos. Para ver mais sobre os jornais nos anos 50: Ribeiro (2000). Para mais informações sobre a história do *Correio* vide Souto *et al.* (2000).

[5] A seleção da então Alemanha Ocidental, após ser derrotada na final da Copa de 1986, no México, pela Argentina, desfilou em carro aberto, sendo saudada nas ruas do país. O mesmo aconteceu com a seleção holandesa, eliminada pela brasileira, nas semifinais da Copa de 1998, na França.

naquela tarde, recebeu 11 anti-heróis. A Copa de 1950 foi o último grande evento esportivo nacional não capturado pela televisão, que seria inaugurada no país, em 18 de setembro, dois meses e dois dias após aquela partida. Essa particularidade deu contribuição decisiva para a forma como foi construído o mito da derrota. A ausência de imagens irrefutáveis — embora também estas estejam sujeitas a reelaborações que as sintonizem com novos paradigmas — deu lugar a uma construção coletiva de forte tradição oral, mas que teve na imprensa da época, principalmente nos jornais, os principais agenciadores dessa memória. Embora inexistente, a televisão também se tornaria protagonista desse processo, ao tentar se apropriar do discurso elaborado por aqueles agentes primários. Bem como teria importância crescente na sua atualização, principalmente ao reintroduzir o mito do "fantasma uruguaio" a cada novo jogo entre as duas seleções.

A questão da construção oralizada da memória foi enfocada por alguns autores que, ao interligarem os dois conceitos, valorizaram a importância da vida quotidiana na acumulação de fatos de uma dada memória social (Leroi-Gourhan, 1981). A memória aprisionada pela oralidade permite cristalizar os mitos de origem, já que fundamenta a sua transmissão por meio dos "guardiões da oralidade". A oralidade cria os especialistas da memória, verdadeiros homens-memória, que se transformam, nas palavras de Balandier (1974), na própria memória da sociedade. Outros autores particularizam o fato de essa memória permitir, na sua própria gênese, a inexatidão. A memória funciona como uma espécie de reconstrução generativa, e não como memorização mecânica (Godoy, 1977).

Assim, naquela tarde de 16 de julho, ainda sob o impacto da derrota que se abatera sobre o templo da vitória, os torcedores já no trajeto do estádio para casa começaram a construir uma memória oralizada da Copa de 1950 e, sobretudo, dos culpados pela derrota. A derrota não estava confinada ao estádio, mas à simbolização mitológica construída em torno da vitória. O impacto do território da derrota na memória reconstruída tivera igual valor ao resultado do jogo estampado no placar do Maracanã.

O principal fator constitutivo da derrota foi o mito do "frango" de Barbosa. É interessante notar como, surgido em meio a dúvidas sobre sua sustentação, o mito cresce à medida que aumenta a necessidade de atenuar o incômodo da nação angustiada com a derrota. A perplexidade pela perda do título a apenas onze minutos do fim da partida era tamanha que o próprio *Correio*, na primeira edição seguinte ao jogo, avaliou de três formas diversas e contraditórias a atuação de Barbosa (Souto, 2000). Na matéria principal do caderno de esportes, em que sentenciava "Merecida a vitória dos uruguaios", o jornal culpava a "falta de fibra" do time e relevava a participação do goleiro na derrota, atribuindo-lhe no máximo falta de sorte: "O goal fatal tornou-se eminente. Teria de vir, quer fosse de uma falha de Bigode, ou pela má sorte de Barbosa. Ele por certo não deixaria de vir. Não culpem a este ou aquele. Não foi uma falha técnica nem um lance infeliz. Foi falta de fibra."

Na mesma página, porém, o título de outra matéria não deixava dúvidas sobre a condenação a Barbosa e ao lateral esquerdo Bigode: "Falharam Barbosa e Bigode, permitindo o segundo tento dos uruguaios", acusava o jornal. Ao avaliar a atuação individual dos jogadores, o *Correio da Manhã*, que somente livrou da sua fúria Zizinho, Augusto, Ademir, Danilo e, "em menor escala", Bauer, reafirmou a condenação a Barbosa, mas foi bem menos rígido com ele do que com Bigode. Enquanto este foi avaliado como "horrível, irreconhecível e moroso, o pior elemento em campo", Barbosa mereceu crítica mais compreensiva: "Não teve uma tarde feliz o goleiro brasileiro. Falhou por ocasião do segundo gol uruguaio, não sendo, contudo, passível de crítica severa pelo fato de estar, como todos os presentes, inclusive a assistência, possuído de grande e natural nervosismo."

Aparentemente contraditórias, as três construções guardam, no entanto, laços com antigos paradigmas. O mito da falta de fibra dos jogadores brasileiros revela desconfianças armazenadas, mas não removidas, sobre a presença de pobres e negros no mundo do futebol, quando ela se tornou inevitável. Curiosamente, a outra face dessa moeda pode ser encontrada na memória da Copa de 1938, quando se acusou o jogador brasileiro "de bater quando não devia", numa referência ao pênalti cometido por Domingos da Silva na partida semifinal contra a Itália. Seja pelo "mau comportamento", seja "pela submissão", essas formulações tinham a mesma raiz: a desconfiança em relação à capacidade de agentes sociais oriundos das camadas mais populares estarem à altura de participar do projeto de construção da nação, que tinha no futebol uma das suas principais identidades.

A atribuição da perda do título ao nervosismo do time e do público também se soma a essa construção, acolhendo a tese que aponta certa infantilização do povo brasileiro, que destoaria da maturidade mostrada por povos de países mais desenvolvidos. *O Globo*, que na véspera da partida — o jornal não circulava aos domingos[6] — antecipara o título e avalizara a superioridade do time brasileiro, afirmando: "Brasil pronto para gritar é 'campeão'", agora, além de apontar Barbosa e Bigode como responsáveis pela derrota, acrescentou nova acusação: o excesso de preciosismo.

> E pecou pelas falhas de Bigode e Barbosa no gol da vitória uruguaia. Em conjunto, todavia, tecnicamente, o scratch até que jogou bonito. Mas bonito demais, com passes curtos e lento demais, com dribles demais antes de um passe qualquer [...] se esperava por um jogo mais objetivo e menos filigranado dos brasileiros, que não veio mesmo após o <u>intervalo da luta</u> (O Globo, 17/7/1950, grifo nosso).

A restrição ao "estilo brasileiro" de jogar guardava parentesco com antigos preconceitos pré-1950, que sentenciavam: "o brasileiro é bom de bola, mas frouxo como homem" (Rodrigues, 1993). Além disso, para não deixar dúvidas sobre a dimensão extraesportiva da derrota, o jornal salientava, na mesma edição, que, em todos os lares do país, preparava-se a comemoração da vitória, mas as falhas de Bigode e Barbosa "estragaram todo o programa": "A festa nacional ficou adiada sine die...", acrescentava. Nessas circunstâncias, não é espantoso que Barbosa e seus companheiros tenham sido convocados, quatro ou cinco meses depois da derrota, para depor no Departamento de Ordem Política e Social (Dops), para esclarecerem se eram ou não comunistas (Moraes Neto, 2000).

A razão formal da suspeita era o apoio a um manifesto pela paz — uma das principais bandeiras dos partidos comunistas no pós-II Guerra Mundial — que os jogadores assinaram na concentração, ignorando as implicações políticas decorrentes do gesto. Registre-se, no entanto, que a combinação do clima de guerra fria vigente — que resultara na cassação do registro do Partido Comunista do Brasil (PCB), bem como do mandato de seus parlamentares — com a necessidade de manutenção do projeto nacional, que não podia ser borrado pela derrota, naturalizava a suspeita. Dentro dessa lógica binária, o figurino de "traidores da pátria", devotado pelo governo Dutra aos comunistas, casava-se com o dos responsáveis por tamanho vexame.

---

[6] *O Globo* era um dos vespertinos de maior tiragem nos anos 50, que variava de 100 mil a 218 mil. Os vespertinos não circulavam às segundas-feiras.

2.1 Senhores da memória[7]

Não há nada mais relapso do que a memória.
Atrevo-me mesmo a dizer que a memória é uma vigarista,
emérita falsificadora de fatos e de figuras.

(Nelson Rodrigues, 1993)

O inquérito acabou arquivado, mas o processo de culpabilização de Barbosa e seus companheiros seria interminável. Nesse papel de reelaboração permanente da memória de 50, os jornais foram protagonistas decisivos. Ao construir uma representação extremamente peculiar da Copa de 50, os periódicos e os jornalistas dos principais veículos, particularmente do Rio de Janeiro, então capital do país e sede principal do mundial, elaboraram uma idealização própria daquele momento e do papel que eles próprios deveriam desempenhar naquele contexto. Saliente-se que, se tal elaboração tinha simbolismos próprios, também se encontrava encharcada pela ação dos demais atores sociais.

Encarada inicialmente com ceticismo por parte da imprensa e da torcida, a seleção brasileira, aos poucos, empolgou o país. Dirigido por Flávio Costa, também treinador do Vasco da Gama, uma das mais fortes equipes da época e que teve oito de seus atletas convocados para a seleção, o time brasileiro conquistou a confiança do país, com uma campanha constituída por vitórias apoteóticas, como o 7 a 1 sobre a Suécia — maior goleada da seleção brasileira em mundiais — e o 6 a 1 sobre a Espanha — com a torcida cantando num Maracanã lotado *Touradas de Madri* e garantindo aos seus autores, João de Barros Braga, o Braguinha, e Alberto Ribeiro, a maior consagração pública de suas carreiras. Mais do que conquistar o torcedor, tal campanha elevou as expectativas da torcida sobre a conquista do título inédito a uma convicção absoluta.

No entanto, embora tenha desempenhado papel central na construção que transformou a imagem do goleiro em sinônimo de derrota, parte da mídia, em claro descompasso com a população, deu tratamento distanciado à Copa de 1950 em vários momentos da competição. No dia da

---

[7] A expressão é de Jacques Le Goff. "Tornar-se senhores da memória e do esquecimento é uma das grandes preocupações das classes, dos grupos, dos indivíduos que dominaram e dominam as sociedades históricas. Os esquecimentos e silêncios da história são reveladores desses mecanismos de manipulação da memória coletiva" (Le Goff, 1984).

partida com o Uruguai, o *Correio da Manhã*, por exemplo, não dedicou uma única linha de sua primeira página ao jogo — cuja cobertura foi confinada a seu caderno de esportes. A manchete do jornal era dedicada ao apoio de um grupo de professores secundários ao candidato da UDN à presidência da República, brigadeiro Eduardo Gomes. O mesmo comportamento e as mesmas preferências repetiram-se durante todo o mundial.

A primeira página do jornal refletia a resistência de setores da imprensa mais ligados às camadas altas e médias a aceitar que o futebol já se constituíra, de há muito, num dos principais componentes da identidade nacional. O descompasso entre público e parte da imprensa era tal que, uma semana antes da partida final com o Uruguai, o *Correio da Manhã* desancou, em seu caderno literário de 9 de julho, intelectuais, como José Lins do Rego, Ledo Ivo, Ciro dos Anjos, Antônio Olinto, Murilo Mendes e Maria da Saudade, por terem se deixado contagiar "pelo vírus do falatório do momento, o futebol". Na visão do jornal, que chegava a realizar reuniões de seus editorialistas em francês, o que levou a efemeridade a ser batizada de Petit Trianon (Souto; Júnior; Vieira; Vieira, 1988), era inconcebível intelectuais trocarem a leitura de Proust, por exemplo, pelos gritos de apoio a Zizinho, Ademir, Barbosa & Cia.

O comportamento do *Correio* não era uma exceção. No *Jornal do Brasil*, a manchete daquele 16 de julho referia-se à participação dos Estados Unidos na Guerra da Coreia, que eclodira no início da competição: "As forças norte-americanas retrocederam suas linhas sobre o rio Kun." Sobre o histórico jogo final, nenhuma linha na primeira página, recheada pelos famosos classificados. Aliás, o *Jornal do Brasil* da época sequer tinha lugar fixo para o caderno de esportes, que, naquele mundial, espalhou-se pelas páginas 9, 10 e 11, quase sempre disputando, e em condições desfavoráveis, espaço com o turfe.

Foi a campanha da seleção, que, com exibições empolgantes, arrastou multidões ao Maracanã, a responsável pela quebra da frieza dos jornais que ainda resistiam à sedução que o escrete exercia sobre seus concorrentes mais populares e a torcida. Antes de chegar ao jogo final com o Uruguai, o Brasil venceu quatro das cinco partidas que disputou, marcou 21 gols e sofreu apenas quatro. Uma campanha quase irrepreensível, que culminou com a goleada de 6 a 1 sobre a Espanha, considerada uma das seleções favoritas ao título. Já o Uruguai, que disputou duas partidas a menos, devido à recusa da Argentina e de seleções europeias a participarem do campeonato, tivera campanha mais modesta. Dos três jogos antes da última partida com o Brasil, a celeste uruguaia vencera dois e empatara um — 2 a 2 justamente contra a mesma Espanha massacrada pelo Brasil —, tendo marcado 13 gols e sofrido quatro.

Diante dos números e da técnica exibida pelos craques brasileiros, finalmente, no dia do jogo decisivo, os jornais renderam-se ao fato de que "toda a energia brasileira, toda a vibração do nosso povo, todo o nosso ardor patriótico se deslocou para o estádio ou se contém aos pulos em frente aos aparelhos de rádio [...] acompanhando a disputa sensacional" (Jornal do Brasil, 16/7/1950).

Quando o Brasil, naquele 16 de julho de 1950, entrou no Maracanã — construído especialmente para servir de palco para a primeira vitória nacional em mundiais —, Barbosa pisou o gramado como um dos candidatos a um lugar eterno no Olimpo dos deuses do futebol. Aos dois minutos do segundo tempo, quando Friaça marcou o primeiro gol da partida, para a seleção nacional, não havia um único brasileiro, entre os cerca de 200 mil — 10% da população de então do Rio de Janeiro — que se espremiam no estádio, capaz de duvidar que a confirmação da conquista era questão de minutos.

A certeza era ainda maior porque, pela primeira e única vez, o Mundial não tinha uma final formalmente definida. As quatro seleções que se classificaram depois da primeira fase — Brasil, Espanha, Suécia e Uruguai — enfrentaram-se, jogando três jogos cada uma, cabendo à equipe de melhor campanha nesse quadrangular o título de campeão. Por ter vencido as duas partidas anteriores, contra uma vitória e um empate do adversário, o Brasil, além de jogar em casa, garantira — num fato inédito, até hoje, em finais de Copas do Mundo — a vantagem do empate.

No entanto, se o primeiro gol uruguaio, de Schiaffino, aos 21 minutos, fez a multidão tremer, o segundo, marcado por Ghiggia, a apenas 11 minutos do fim do jogo teve o poder de produzir a mais perturbadora tensão da história do futebol brasileiro. Para o jornalista e pesquisador de futebol João Máximo, por exemplo, o gol de Ghiggia dividiu a vida do brasileiro "em antes e depois dele" (Perdigão, 2000, p. 182). Surgido num contra-ataque uruguaio, o lance fatal durou apenas seis segundos, ou quatro, se considerado apenas o intervalo entre o instante em que o ponta-direita recebe a bola e o momento em que esta cruza a linha do gol brasileiro.

2.2 O "frango" eterno

Aqui neste país, a condenação máxima de um criminoso é de 30 anos.
Eles estão me cobrando há 47 anos.

(Barbosa, no Telejornal Brasil, do SBT, 30/10/1997)

A ontologia do gol que deu início à construção do mito do "frango" de Barbosa tem sua origem no primeiro tento adversário. Nesse lance, Ghiggia, depois de receber a bola pela direita, driblara o lateral Bigode e cruzara para Schiaffino, dentro da área, empatar a partida. Tanto na narrativa ao vivo dos locutores de rádio, quanto na reelaboração do lance pelos jornais, a culpa do primeiro gol recai sobre Bigode. Seu desenlace, ao mesmo tempo, prepara os argumentos que Barbosa usaria, em vão, para todo o sempre para defender que, no lance do segundo gol, pensara que Ghiggia repetiria o cruzamento para a área, por isso se antecipara para tentar cortá-lo, opção que deixou desguarnecida parte do seu canto esquerdo, justamente por onde a bola veio a penetrar. Na narrativa do primeiro gol, Pedro Luiz, locutor da *Rádio* Panamericana, por exemplo, sequer menciona o nome de Barbosa:

> Gigghia fechou pela altura da linha de zaga. Tesourou Bigode e falhou. Fugiu Gigghia. Rolou para área. Virou Schiaffino. Atirou... gol! Gol de Schiaffino, empatando a partida para o Uruguai, depois de uma falha de Bigode, que tentou tesourar o ponteiro direito, deixando que ele centrasse à vontade (Perdigão, 2000, p. 170).

Dois dias depois do jogo, em 18 de julho, o *Jornal do Brasil* revisitava o mesmo lance de forma parecida:

> O jogo prosseguia com a mesma característica de superioridade dos brasileiros. Eles se achavam no ataque quando a bola da defesa veio aos pés de Ghiggia, que correu ligeiro, e sobre ele Bigode, que procurou lhe barrar o caminho. A bola sobrou e tivemos a impressão de que Bigode julgou que a bola sairia pela linha de fundo, mas Ghiggia passou por ele e segurou a bola antes dela sair, para dar uns passos e centrar na boca do gol, permitindo a Schiaffino chutá-la para dentro do gol de Barbosa.

Se a oralidade ordena a memória em função da identidade coletiva do grupo, fundada em certos mitos — notadamente o das origens — a escrita dá um outro caráter à memória. Eternizando um determinado momento na prisão da palavra escrita, eleva-se o acontecimento à categoria de fato memorável, imutável, retransmitido pela fixação de seus aspectos destacados na narrativa. Ao assumir a forma de inscrição, transforma o documento numa espécie de memória coletiva válida, tornando-se aquilo que Le Goff classifica como "monumento de memória" (1984, p. 17).

Entre a dialética lembrar e esquecer e valorizando um conteúdo cujo caráter de excepcionalidade e ineditismo destaca-se, os jornais constroem uma memória da sociedade sob uma ótica singular. Além disso, há que se sublinhar o caráter de escritura: nomear transforma-se em conhecer. Dessa forma, os periódicos possuem em sua própria gênese o caráter de transportar para a lembrança aquilo que figuraria no lugar do esquecimento.

Nessa operação dialética, os jornais constituem-se como um dos senhores da memória da sociedade, aumentando seu campo de atuação e, sobretudo, seu poder. É preciso considerar ainda que o jornalista, ao selecionar fatos, relegar outros ao esquecimento, escolher a forma de sua narrativa e ao definir o lugar na página a ser ocupado pelo texto, dirigindo um olhar subjetivo sobre o acontecimento, mantém como essencial nesse trabalho a dialética lembrar e esquecer. Aos relatos que devem ser perenizados, imortalizados pela prisão da palavra escrita, contrapõem-se outros que devem ser relegados ao esquecimento (Barbosa, 1994).

Entre o lembrar e o esquecer, a versão de Barbosa, repetida por ele, em incontáveis entrevistas — "Eu fiz certo, e deu errado, ele [Ghiggia] fez errado, e deu certo." — não era conveniente à campanha da imprensa, cuja finalidade específica era produzir uma versão que desse conta do incômodo da nação. E esta não cabia na versão da "má sorte do goleiro". O drama da derrota era diretamente proporcional à estrondosa certeza da vitória, alimentada pela própria mídia. Nessas circunstâncias, a memória da derrota tinha de estar à altura do drama.

Num time que fizera, até antes do último jogo, 21 gols e sofrera apenas quatro, o excepcional era que a figura de destaque fosse o goleiro. No entanto, numa equipe representada como uma máquina de triturar adversários, o mito do "frango" de Barbosa era não apenas factível, como também o que melhor e mais rapidamente dava conta de aplacar o incômodo causado "pelo adiamento *sine die* da festa nacional". Nesse sentido, não importa sequer que até o goleiro adversário, Máspoli, avalize a versão de Barbosa: "O que matou Barbosa foi conhecer muito de futebol" (Perdigão, 2000, p. 187):

> Da posição em que Gigghia ficou na corrida, o lógico seria o passe para trás, porque chegavam vários atacantes nossos pelo centro. Além disso, estava bem fresco na memória o que se deu 13 minutos antes, quando Ghiggia correu até quase a linha de fundo, passou para o centro e Schiaffino marcou (Perdigão, 2000, p. 187).

Na construção da memória da derrota, a individualização do erro ajuda a preservar o coletivo, facilita a expiação de culpas e torna menos complexa a reelaboração do passado, permitindo sua absorção por uma gama maior de pessoas. Um dos principais construtores da memória de 1950 na mídia, o jornalista Nelson Rodrigues deixou claro que a responsabilidade "compacta da derrota" deveria ser descarregada no "'frango' eterno de Barbosa".

> Quando se fala em 50, ninguém pensa num colapso geral, numa pane coletiva. Não. O sujeito pensa em Barbosa. O sujeito descarrega em Barbosa a responsabilidade maciça, compacta da derrota. O gol de Gigghia ficou gravado na memória nacional, como um "frango" eterno... Mas o que ele não esquece, nem a tiro, é o chamado "frango" de Barbosa. Qualquer um outro estaria morto, enterrado, com o seguinte epitáfio 'Aqui jaz fulano, assassinado por um "frango"'. Então conclui de mim para mim. 'Esse camarada não morre mais'... (Manchete Esportiva, 13/3/1959).

Ainda que tenham e operem seus próprios interesses, os jornais, no entanto, sempre é bom recordar, não agem em completa dissonância com seu contexto social. Atuar assim — ainda que muitas vezes seja necessário camuflar ou nuançar posições — seria pôr em risco a própria sobrevivência. O contexto do 16 de julho era não apenas de vitória — esta era quase um dogma —, mas de vitória avassaladora.

O paradigma impregnara até os adversários. Pouco antes de o Uruguai entrar em campo, o próprio treinador da celeste, Juan López, naturalizava a derrota: "Tudo faremos para não estragar a festa e não levarmos uma goleada" (Perdigão, 2000). A afirmação de López não era manifestação isolada nem ato covarde, no sentido social desse termo. Era uma reafirmação do que os adversários do Brasil, em geral, tinham como senso comum. Como já citado, o zagueiro direito da Espanha Gabriel

Alonso após a goleada de 6 a 1 admitiu: "Sabíamos antes de entrar em campo que íamos enfrentar homens divinos que haviam erguido aquele monumento ao futebol" (Perdigão, 2000). Essa não era uma concepção individual de López ou Alonso. Minutos antes do início da partida final, o prefeito do então Distrito Federal, Ângelo Mendes de Moraes, sintetizou toda a construção social que marcara e marcaria para sempre aquele jogo. Em discurso no centro do gramado, exigiu a conquista do título como contributo e coroamento do nascimento do Maracanã:

> Vós, brasileiros, a quem considero os vencedores do Campeonato Mundial! Vós, jogadores, que a menos de poucas horas sereis aclamados campeões por milhões de compatriotas! Vós, que não possuis rivais em todo o hemisfério! Vós, que superais qualquer outro competidor! Vós, que eu já saúdo como vencedores! [...] Cumpri minha promessa construindo este estádio. Agora, façam o seu dever, ganhando a Copa do Mundo. Jogadores do Uruguai: o desporte no Brasil os saúda com o coração aberto! Jogadores do Brasil: 52 milhões de brasileiros esperam pelo título mundial! Não frustrem essa esperança! (Perdigão, 2000).

O discurso não era mera peça isolada e seria descontextualizá-lo resumi-lo a mera retórica demagógica, como procuraria desqualificá-lo, em sua primeira edição seguinte ao jogo, o *Correio da Manhã* (Souto, 2000). Na verdade, era apenas o ápice e a representação mais dramática, na particular síntese dos políticos, do sentimento que tomara conta da nação. E sua tradução mais poderosa seria vista mais tarde por muitos como definidora da sorte da partida: os uruguaios poderiam perder o jogo, ainda que lutando para não fazê-lo com desonra; os brasileiros, não. A eles, só restava um caminho: a vitória. Mais do que vencer, deveria ser assegurada uma conquista acachapante, inquestionável e em sintonia — e ao mesmo tempo alavancadora — com uma nação em busca de um projeto de afirmação nacional.

Estudiosos como Stuart Hall advogam que a identidade nacional não faz parte do DNA do indivíduo como mero ato biológico, sendo formada e transformada no interior da representação (Hall, 1997). Ele destaca ainda o papel da cultura nacional como criadora de padrões e o fato de ser composta não apenas por instituições, como também por símbolos e representações. Aceita essa concepção, não é difícil estar de acordo em que no Brasil, em particular em 1950, o futebol era uma das principais expressões da cultura nacional. Hall aponta ainda, entre as muitas formas de narração da cultura nacional, o do mito fundacional. Por essa concepção, também acolhida por historiadores como Eric Hobsbawm, citado por Hall, mitos de origem ajudam "povos desprivilegiados a conceberem e expressarem seu ressentimento e sua satisfação em termos inteligíveis" (Hall, 1997). Sem deixar de registrar a subjetividade do conceito de "povos desprivilegiados", talvez fruto do etnocentrismo do pesquisador britânico, os demais elementos encontram-se contemplados no mito do "frango" de Barbosa, que ganha relevo quando contextualizado no Brasil pós-16 de julho.

A derrota de uma conquista assim elaborada não era derrota de um time, de uma seleção; era derrota de um projeto de nação, ou o rebaixamento desse projeto, na linha pavloviana. Aceitar a perda do título era aceitar a derrota do projeto. É preciso, então, reelaborar a leitura da perda. A releitura — ainda que à custa de atropelos à realidade aceita como factual pelo senso comum —, para garantir sua internalização coletiva, precisa guardar lastro com a realidade até então construída.

Dessa forma, não se pode desqualificar por completo um time até então imbatível. Um time cujos jogadores haviam sido já declarados antecipadamente, em manchete garrafal do jornal *O Mundo* publicada no dia da grande final, "Campeões do mundo", cujas imagens tinham sido cedidas para os mais variados tipos de propaganda, e eram proclamados, inclusive por jornais estrangeiros, como uma máquina de jogar bola (Perdigão, 2000).

Ao distinguir memória e história, por possuírem fundamentalmente natureza diversa, é necessário perceber a memória como conjunto de relações, de acumulação de fatos e, sobretudo, como uma dialética entre lembrança e esquecimento: só é possível lembrar porque é permitido esquecer. Para David Lowenthal (1989), essa questão é central. Segundo o autor, a memória seria uma seletiva reconstrução do passado, baseada em ações subsequentes — ou seja, não localizáveis nesse passado —, em percepções e novos códigos, por meio dos quais delineia, simboliza e classifica o mundo. A memória não preservaria o passado, mas o adaptaria, para enriquecer e manipular o presente.

Funcionando como uma espécie de memória escrita de uma determinada época, o jornal retém o excepcional. E, mesmo quando os fatos mais cotidianos aparecem fixados sob a forma de notícias, há sempre um nexo da narrativa que transpõe esses mesmos acontecimentos do lugar do comum para o do extraordinário. Aprisionando o acontecimento num suporte de excepcionalidade, reproduz-se sob a forma de letras impressas a memória do que é excepcional. Ao mesmo tempo, a escrita deve ser vista como elemento básico de uma construção seletiva da memória que engendra, sobretudo, a questão do poder. Percebendo-a ainda como uma seleção e como uma construção, é necessário ver os agentes, ou os senhores dessa operação, como detentores de poder.

Tornar-se senhores dos lugares, das agências da memória é, ao mesmo tempo, ser senhor da memória e do esquecimento. Eternizar um dado momento pela escrita é, sob certo aspecto, "domesticar e selecionar a memória" (Le Goff, 1984). Ao selecionar o que deve ser lembrado e ao esquecer o que deve ficar em zonas de sombra e de silêncio, os jornais tornam-se também senhores de memória. Ou ainda, na linguagem hollywoodiana, expressa pelo jornalista do filme de John Ford *O homem que matou o facínora*: "Quando a lenda se torna mais forte do que a realidade, publica-se a lenda". A lenda à mão mais próxima da fusão entre os fatos e a representação dos fatos pela imprensa era a do goleiro que falhou. E, como diz o personagem principal de *Os imperdoáveis*: "Isso não tem nada a ver com justiça."

Barbosa, negro, 28 anos, considerado até então o melhor goleiro do Brasil, não era um integrante qualquer do universo do futebol, como já mencionamos. Seu prestígio junto à torcida e à imprensa era tal que, mesmo na histórica goleada, de 6 a 1 sobre a Espanha, que garantiu a vaga do Brasil à final, apesar do placar elástico a favor do Brasil, o *Correio da Manhã*, na edição de 14 de julho, não economizou elogios ao definir sua atuação:

> Apesar de ter sido pouco empenhado, atuou impecavelmente. A sua maior intervenção foi quando faltavam poucos minutos para o encerramento do prélio. Barbosa recolheu a bola a poucos metros do arco e preparava para atirar. Barbosa num salto felino arrojou-se aos seus pés impedindo dessa forma a consignação do tento.

Titular 42 vezes da seleção brasileira, abandonou o futebol em 1962, após 20 anos defendendo o gol do Vasco da Gama, além de outros times de menor expressão (Jornal do Brasil, 11/6/1997). Jogando pelo famoso Expresso da Vitória do Vasco, conheceu momentos de glória e acumulou títulos. Participou ainda da equipe vascaína que conquistou um dos primeiros títulos internacionais do futebol brasileiro: o de campeão sul-americano de 1948. Foi esse conjunto de feitos que levou o time de São Januário a ceder oito jogadores para a seleção.

Um candidato a bode expiatório, portanto, muito mais atraente e convincente, por exemplo, do que Bigode, o apenas esforçado lateral do Flamengo, driblado por Ghiggia nos dois gols uruguaios. Assim como certas tribos de antropófagos recusam-se a comer prisioneiros que julgam fracos ou covardes, por verem nesse ritual uma forma de se revigorar pela força de inimigos poderosos, a escolha de Barbosa também era diretamente proporcional ao investimento afetivo feito nele por torcida, companheiros de time e imprensa.

O fato de que, a cada véspera de jogo contra os uruguaios, ele fosse reconectado pela imprensa, mesmo passadas tantas décadas e tantos títulos do Brasil, era mais do que um ritual de expiação. Era a reelaboração do passado como parte de uma afirmação do presente e de um desejo de futuro, ainda que tenham mudado muitos dos paradigmas do futebol. Como já visto, a imprensa — em sua versão hoje multimídia — é elemento essencial de uma construção seletiva da memória, que engendra, sobretudo, a questão do poder. Aos detentores do poder, cabe a seleção do processo de construção da memória, ainda que, também, como já assinalado, essa seja uma operação que, necessariamente, se cruze com outros agentes sociais e, para funcionar de forma mais efetiva, seja indispensável guardar certa sintonia social.

A necessidade de sintonia com a plateia ajuda a explicar por que, entre as versões que circularam entre os diversos atores sociais envolvidos no 16 de julho, a que culpa Barbosa foi a hegemônica. Ela, por exemplo, era claramente minoritária entre os que participaram do jogo. Apenas Bigode — mais timidamente — e o zagueiro esquerdo Juvenal — este com fervor — a encamparam publicamente (Perdigão, 2000). Os demais, a começar pelo treinador Flávio Costa e vários dos atletas, como Augusto, Friaça e Nilton Santos (este a explicitando em depoimentos sobre o cinquentenário da derrota), apontam Juvenal como o candidato a bode expiatório.

Na luta pela conquista de espaço na imprensa e na opinião pública, no entanto, essa versão ficou esmaecida por dois motivos constitutivos. Primeiro, sua nascença tem origem em acontecimentos na região que Goffman (1995) chama de fundo, à qual não tem acesso a plateia. Na véspera da partida, o zagueiro, único não casado liberado para a folga concedida por Flávio Costa, abusara da bebida e da farra na festiva noite carioca. Permitir que a plateia — torcida e imprensa — tivesse acesso a tal informação da região de fundo seria fortemente desestabilizador para o grupo e, principalmente, para seu comandante.

Um segundo motivo constitutivo é que ela é formulada num contexto tático: Juvenal, que nos dois lances chegou atrasado por fração de milésimos de segundos, seria o encarregado de fazer a cobertura de Bigode. Tal argumento, capaz de, no mínimo, polemizar entre grupos de especialistas, é descartado, ou, pelo menos, secundarizado pelos jornais. Contra eles, erguem-se barreiras quase intransponíveis no *habitus* desse meio. Afinal, a defesa pretendida por Bourdieu (1989) de um campo próprio de atuação para os intelectuais também é reivindicada por outros atores sociais, ainda que sem a mesma condensação teórica.

A falta de uma maior visibilidade que sustentasse a versão da "culpa de Juvenal" — as escassas imagens da época são pouco definidoras da situação — e seu confinamento ao mundo dos especialistas a tornam de pouco valor ou hermética demais para uma elaboração coletiva a ser internalizada por uma nação-continente. Obviamente, é complexa e confusa demais para servir de metáfora que substitua a derrota ou o adiamento do projeto nacional.[8]

Descartados os candidatos menos sintetizadores da derrota ao posto de bode expiatório na versão da imprensa, também sequer se examina o conselho de Obdúlio Varela, o comandante da vitória uruguaia: "Não se podem apontar esse ou aquele jogador como culpado. Quando se vai a campo, os 11 perdem ou os 11 ganham o jogo" (Perdigão, 2000). A hipótese da derrota como responsabilidade coletiva se coadunaria com a visão, por exemplo, do treinador Flávio Costa, para quem "o brasileiro não está preparado psicologicamente para derrotas, porque somos um país novo". Depois de comparar a situação do Brasil com a de países como Inglaterra e Líbano, que enfrentaram guerras externas e/ou internas, ele avaliava que dessas purgações "sairia gente mais sensata" (Perdigão, 2000).

A versão do treinador tem, para muito além da tentativa de se eximir da derrota, a marca de quem também, de alguma forma, inseria-se pessoalmente na afirmação do projeto nacional. Ele aceitara ser candidato a deputado pelo PTB, partido que levaria Getúlio Vargas à vitória naquele mesmo ano. Esse é um aspecto que não deve ser amesquinhado por sua redução a mero oportunismo eleitoral de parte a parte, mas visto como significativo que o homem talhado a ser o comandante da vitória que alavancaria o projeto nacional fosse servir mais adiante como integrante das

---

[8] É emblemático que a primeira Copa ganha pelo Brasil, em 1958, na Suécia, tenha ocorrido na era do desenvolvimentismo de Juscelino Kubitscheck.

tropas varguistas que marchavam para a volta ao poder e — coincidência também significativa — apesar de ignoradas pela imprensa, que, em boa medida, desdenharia a cobertura da campanha de Getúlio.

Inserida nesse contexto, a versão de Flávio Costa deixa implícita uma transferência de responsabilidade para a torcida — aqui transformada em metonímia de povo. A visão guarda correspondência com certo messianismo que marcava a gramática getulista — embora só uma visão rebaixada daquele contexto pudesse reduzi-la a essa unidade de medida.

A relação ambígua do discurso getulista está, como se procurará justificar mais adiante, na base de um dos principais mitos da derrota: o do silêncio que teria se instalado no estádio depois do primeiro gol do Uruguai e, ainda mais ensurdecedor, após o tento de Ghiggia. Nos depoimentos colhidos pelos jornais ou produzidos por seus colunistas anos após o 16 de julho, o silêncio tumular que se instalou na multidão após o gol de Schiaffino, aos vinte minutos do segundo tempo, é uma unanimidade. Jogadores, cartolas, treinador, jornalistas, e até os uruguaios eternizam o mesmo mito.

Em depoimento, anos após a derrota, à revista uruguaia *Peñarol* e reproduzido por Perdigão, o então presidente da Confederação Brasileira de Desportos (CBD), Rivadávia Correia Meyer, recorda: "Um silêncio de túmulo dominou o enorme cenário da luta. Todos emudecemos. Podia-se ouvir o vôo de uma mosca". O treinador Flávio Costa repete a mesma versão: "Por causa do silêncio, os jogadores ficaram traumatizados: eles se sentiram responsáveis por aquele silêncio" (Perdigão, 2000, p. 174).

O mesmo mito é reproduzido por quem estava dentro do campo: "Os jogadores sentiram um grande impacto quando a arquibancada silenciou. Nossos ataques perderam a força dos lances anteriores", relatou o atacante Ademir Menezes em entrevista a *O Globo*, publicada em 10 de janeiro de 1981. No *Jornal do Brasil* do mesmo dia, o jornalista Sandro Moreyra também recorda: "Nas arquibancadas, as pessoas olhavam-se atônitas [...] Mudos de espanto, os torcedores esqueceram que o jogo prosseguia, que um gol nosso valia o título, pois jogávamos para o empate."

Significativamente, o mito do silêncio também é compartilhado e reproduzido na memória da vitória. O goleiro Máspoli, por exemplo, referindo-se ao gol de empate da sua seleção, afirma: "Depois do ruído infernal que nos rodeava até aquele instante, a tal ponto que a fumaça dos foguetes não nos deixava ver as pessoas na arquibancada, fez-se subitamente um grande silêncio" (El Gráfico y el Mundial, Buenos Aires, agosto de 1977 *apud* Perdigão, 2000).

A escuta da gravação da partida, reproduzida por Perdigão, e uma leitura mais atenta dos jornais pós-derrota, no entanto, não apenas não confirmam o mito do silêncio, como o desautorizam. Os jornais e a gravação das rádios registram, é certo, a insegurança que se instalou entre os brasileiros, dentro e fora de campo, após o gol de Schiaffino. Dois minutos depois do empate uruguaio, Antônio Cordeiro, locutor da *Rádio Nacional do Rio de Janeiro* (PRE-8) e responsável por transmitir os lances à esquerda das cabines de rádio do Maracanã, avaliava: "Caiu um pouco a produção do quadro brasileiro [...] Ainda não está inteiramente refeito do golpe causado pelo gol de empate" (Perdigão, 2000, p. 175).

A gravação da mesma PRE-8, porém, mostra que um minuto depois desse alerta do locutor a torcida volta a vibrar com mais um ataque do Brasil, comandado por Jair da Rosa Pinto. Em vários outros instantes da partida, são ouvidos novamente gritos de incentivo da torcida, inclusive o estrondo de foguetes, como aos trinta e cinco minutos, um minuto apenas depois do gol de Ghiggia e pouco após o árbitro marcar um impedimento do ponta uruguaio, o que daria sequência a novo avanço brasileiro. Seria excessivo reproduzir todos os lances em que a torcida renovou seu apoio ao time brasileiro, mas registre-se ainda que, até os quarenta e cinco minutos, segundos antes do fim da partida, é possível se ouvir gritos de incentivo da multidão.

A leitura dos jornais nos dias imediatamente após o 16 de julho não alimenta o mito do silêncio antes do fim da partida. O *Jornal do Brasil*, de 18 de julho de 1950, por exemplo, narra que, após o gol de empate, "os uruguaios se animaram e cresceram no gramado, passando a atacar com verdadeiro ímpeto em busca da vitória". A narrativa prossegue, no entanto, dando conta de que, "quebrado esse ímpeto", o Brasil voltou a dominar o jogo, "porém, teimando em manter o mesmo sistema de jogo". Isso não impediu que "vários tiros a gol" ameaçassem "o último reduto uruguaio". O jornal lamentava que "os atacantes brasileiros estavam com má pontaria", mas não fazia menção à suposta omissão da torcida.

Como tem sido defendido, a construção da memória é processo dinâmico que não se atém apenas ao factual, tal como esse conceito é percebido pelo senso comum. Nesse processo de reelaboração permanente, os jornais desempenham papel decisivo, operando sempre na dialética lembrar e esquecer e interagindo com a realidade em que se inserem. O mito do silêncio tumular equivaleria a uma capitulação da torcida/povo, justamente no momento em que a seleção/nação precisava de seu apoio, para se opor à garra do inimigo. Nelson Rodrigues explicita essa visão, assegurando que o Brasil perdeu a Copa, "porque o Uruguai era uma pátria e, nós, um time" (Rodrigues, 1994).

Tal concepção de povo, antes e depois de 1950, está tão arraigada que, ainda que passe um período hibernada no calor da derrota, sua sedimentação é suficientemente poderosa para, quando emerge, se sobrepor a um fato presenciado e vivido por cerca de 200 mil pessoas e reproduzido para todo o país pelas rádios. Em sua conclusão sobre a derrota, Perdigão enxerga uma dispersão da união nacional e uma quebra dos laços comunitários cerzidos pela expectativa da vitória. A continuidade dos acontecimentos, no entanto, talvez aponte com mais força na direção de uma reelaboração daquele sentimento, em outras bases e outros vínculos.

É emblemático, nesse sentido, que Getúlio Vargas, eleito pouco mais de dois meses após o 16 de julho, tenha escolhido o Maracanã, para fazer, em 18 de fevereiro de 1951, seu primeiro pronunciamento depois de empossado, prometendo "realizar a obra de reconstrução e de revigoramento nacional que o Brasil está exigindo", depois de referir-se "às fraquezas da nossa amargura" (Correio da Manhã, 19/2/1951).

De fato, a retomada do projeto nacional, alavancada pela volta de Vargas ao poder, não poderia ser paralisada pelas "fraquezas das nossas amarguras". Uma nação, na concepção populista — e registre-se, não apenas na dela —, não se constrói pela paralisia provocada pelos "fracos", pelos "ressentidos" ou pelos que "falham em suas missões". Nesses termos, é preciso a ação forte e decidida do Estado e do líder messiânico, que pairem acima da massa deserdada e sem a autoconfiança necessária. Sem deixar, obviamente, de manter seus laços renovados permanentemente com ela, pela concessão/conquista de reivindicações históricas e que, em grau importante, convergem na busca do desenvolvimento do país, sem olvidar que esse é um processo de tensão permanente.

Enlutada pela derrota da seleção/nação no estádio, a multidão, de fato, finalmente deixou seu silêncio tumular irromper quando o árbitro britânico George Reader apitou o fim da partida. Mario Filho registrou esse funeral a céu aberto.

> Parecia que a multidão de 220 mil pessoas não se mexia.
> Estava parada, transformada em pedra. Os que podiam
> chorar soluçavam. Os que podiam andar fugiam do Mara-
> canã. [...] *Não se ouvia uma buzina dos carros que voltavam. A*
> *cidade fechou as janelas, as portas, mergulhou no luto. Era como*
> *se cada brasileiro tivesse perdido o ente mais* querido. Muitos
> juraram naquele 16 de julho nunca mais ir a um campo de
> futebol. Poucos se aperceberam de que naquela provação
> se temperava uma geração de campeões do mundo. (Filho,
> 1966 *apud* Moraes Neto, 2000, p. 40).

Registre-se como, em sintonia com o discurso varguista de reconstrução nacional, Filho, ao mesmo tempo em que se refere ao luto, reelabora
a derrota. Ao lamentar a pouca percepção da multidão e dos escribas para
entender que o luto não era morte, mas ressurreição, ele transforma a
derrota em adubo das futuras vitórias. Ao mesmo tempo, também avaliza
a necessidade da purgação. Ao analisar o mito do bode expiatório, Eliade
(1994) observa que, após conviver durante certo período de festividades
com os espíritos dos ancestrais, o homem arcaico os conduzia até a saída
de suas tribos, num processo de expulsão/purgação dos maus fluidos.

Uma coincidência emblemática pode fornecer uma ajuda acessória
para construir para Barbosa o perfil do bode expiatório: seu prenome,
Moacyr, em tupi-guarani significa mau agouro. Esse não é o único pré-re-
quisito para o papel. Dos seis principais mitos constitutivos da derrota — o
tapa de Obdúlio Varela em Bigode, o silêncio após o empate uruguaio, o
já ganhou, o não revide, o da tremedeira ou da falta de fibra e o "frango"
de Barbosa —, o último, embora sempre em interação com os demais,
é o que reúne as melhores condições de dar uma resposta coletiva que
ajude a dar conta do mal-estar da nação, como se desenvolverá a seguir.

2.3 Bode expiatório

> *Sempre me lembro mais dos gols que fizeram em mim, do que dos*
> *chutes que agarrei.*
>
> *(Amadeo Carrizo, ex-goleiro da seleção argentina, apud*
> *Galeano, 1995)*

Todas as visões em disputa pela hegemonia tocam-se pelo menos
num ponto: a resistência a tratar da derrota como projeto coletivo. Esporte

associativo, o futebol traz na sua prática e, principalmente, na forma como a imprensa constrói seus mitos, contradição emblemática: a glória é sempre individual. Diferentemente de outras áreas do reconhecimento público, no futebol não basta ser famoso, é preciso ser herói. Para isso, é preciso derrotar o adversário em combate. Quanto maior a fama do contendor derrotado, maior a glória do vitorioso. Nesse sentido, as Copas do Mundo são um cenário privilegiado para consagrar o paradigma da exaltação individual: "A Copa do Maradona", "O campeonato do Romário", "A Copa do Garrincha" são construções da imprensa que dão caráter épico a vitórias que envolvem outras nações.

A contraface da glória é a tragédia. Dialeticamente, uma não existiria sem a outra. Impossível pensar no mito do gol de Ghiggia ou ainda no mito do comandante Obdúlio Varela — que teria encabeçado a vitória uruguaia aos gritos, depois de neutralizar a valentia de Bigode com um tapa na cara — sem o mito do "frango" de Barbosa. Em ambos os casos, o papel desempenhado pelos jornais é fundamental para a construção e a reatualização permanente. Em todo o noticiário posterior ao 16 de julho, Barbosa sempre aparece ao lado de Ghiggia e vice-versa. A relação simbiótica tornou-se tão intensa, a partir da sua construção e propagação pela imprensa, que os dois tornaram-se amigos, tendo o uruguaio se transformado num dos maiores defensores do goleiro brasileiro, o que, obviamente — embora essa possa não ser a intenção consciente do atacante —, valoriza e reatualiza a memória da vitória.

Na construção da memória daquele Brasil de 1950, a derrota alimentou o ceticismo e os "fracassomaníacos" e admiti-la como produto coletivo chocava-se com todos os cânones da época dos diferentes projetos de nação em disputa. Barbosa acabou sendo emblemático da derrota que não pode ser esquecida para que não se repita. A reelaboração da memória de 1950, como exibida durante a lembrança do cinquentenário do Maracanã e do 16 de julho, no entanto, aponta-lhe novo papel. Para muitos dos jornalistas contemporâneos, como Juca Kfouri e João Máximo, "o Brasil não teria sido tetracampeão do mundo, se não tivesse perdido em 50". Nessa reelaboração, o que era fracasso vira aprendizado, o que era derrota, parte constitutiva das futuras vitórias. Barbosa, porém, continua como símbolo mais acabado da derrota, ainda que esta agora seja destinada a cumprir novo papel social.

A vida tem dessas coisas: o atacante perde dez, vinte gols, mas se faz o gol numa vitória por 1 x 0, é considerado herói.

Já o goleiro, coitado, faz defesas durante 89 minutos, mas, se leva um gol no último minuto, é tido como o carrasco. É assim a vida da gente (Barbosa *apud* Moraes Neto, 2000).

Em depoimento, entre resignado e amargurado, a Geneton Moraes (Moraes Neto, 2000), o próprio Barbosa dá uma pista das razões que eternizaram a sua culpabilização. Situação que nem a reelaboração da derrota de 1950, como visto, modificou. Único jogador a usar uniforme diferente de todos os demais da sua equipe e detentor exclusivo do privilégio de tocar a bola com as mãos dentro da área sem ser punido, o goleiro vive como principal contraface dessa situação particular o drama do personagem mais solitário entre os jogadores em campo. Na comemoração do gol do adversário, em geral, é o vilão, ou, no mínimo, o impotente diante do ataque final à cidadela do seu pavilhão. Quando é o seu time que marca, sua comemoração é quase sempre solitária, com o desfrute furtivo do abraço de um companheiro mais próximo e/ou condescendente. Não por acaso, durante muitos anos, um dos mitos mais propagados pela imprensa em relação ao goleiro era de que "ele é como Átila, rei dos hunos: onde pisa, a grama não cresce mais".

Figura indispensável para a tragédia e a glória consagradas pela construção que os jornais fazem do futebol, o goleiro foi o último personagem a ser introduzido nesse mundo. Mesmo quando pela primeira vez, em 1870, na Escócia, as equipes organizaram-se em defesa, meio-campo e ataque — posições preservadas, com suas variações, mais de um século depois —, sua presença não era prevista, sendo igualmente proibido aos 11 jogadores de cada time tocar a bola com as mãos. Apenas em 1871, esse tabu foi quebrado, com o surgimento do primeiro arqueiro, único jogador autorizado a defender a meta com o corpo inteiro (Galeano, 1995).

Ao arqueiro cabia proteger um reduto quadrado: uma meta mais estreita do que a atual e muito mais alta, constituída por dois pedaços de pau unidos por uma fita de cinco metros e meio de altura. Em 1875, a faixa foi substituída por um travessão de madeira. A marcação dos gols era assinalada nas traves com pequenos entalhes, o que deu origem à expressão "marcar um gol", consagração não modificada nem pelo fato de os gols passarem a ser registrados pelos placares eletrônicos dos estádios. Constituída de ângulos retos, a meta, embora não tenha forma arqueada, ainda hoje é conhecida por arco em alguns países e lugares e seu último defensor foi batizado de arqueiro numa provável alusão ao fato de os estudantes ingleses usarem as arcadas dos pátios dos seus colégios como meta (Galeano, 1995).

A GLÓRIA E A TRAGÉDIA DE BARBOSA: O PAPEL DA IMPRENSA PRÉ-REDES SOCIAIS NA CONSTRUÇÃO
DA MEMÓRIA DO GOLEIRO DA COPA DE 50

Essa, no entanto, não é a única denominação a que recorrem a imprensa e os torcedores para qualificar o goleiro. Porteiro, guarda-meta, golquíper, guarda-valas são alguns dos muitos adjetivos, do passado e do presente, reveladores do drama da posição. Poucos, porém, talvez, condensem melhor a situação de Barbosa e seus congêneres do que o de guardião. Tem-se aí, sintetizado em oito letras, o papel destinado a Barbosa em 1950.

Naquele 16 de julho, acima do presidente da República, do ministro da Guerra ou da Fazenda, ele era o principal guardião da nação, o último homem, o único que não poderia falhar, pela simples e suficiente razão de que, nesse caso, não haveria, como não houve, outro para corrigir eventual falha, ao contrário do que poderia se dar em outras posições.

Estudiosos como Mircea Eliade reivindicam que, pelo menos desde o século XIX, os mitos sejam tratados, não mais como fábula, invenção ou ficção, mas, tal como eram considerados nas sociedades arcaicas, como "história verdadeira" (Eliade, 1994). A justificar tal condição estaria o fato de o mito fornecer modelos para a conduta humana, conferindo valor à existência. Se é verdade, como sustenta Eliade, que o mito conta uma história sagrada e narra como uma realidade passou a existir, fazendo com que a irrupção do sagrado fundamente o mundo, pode-se afirmar que a mídia é o principal elaborador e propagador dos mitos no mundo moderno.

Sem essa intermediação, o mito do "frango" de Barbosa, provavelmente, se dissolveria juntamente com o esmaecimento da tradição oral, em processo análogo ao sofrido por sociedades sem escrita. A própria expressão "engolir um 'frango'" é uma construção da simbiose imprensa/torcedor e foi precedida de outra: "cercar um 'frango'", para descrever a falha, ou a suposta falha, do goleiro (Filho, 1994).

A condensação do papel de guardião da nação é tão poderosa que, nas situações excepcionais em que outro jogador impede um gol depois de o arqueiro de seu time estar batido, a síntese particular da imprensa esportiva proclama que ele "salvou a pátria". Nessas ocasiões, a pátria a ser salva pode se referir a um clube, mas, nesse caso, mesmo que detentor de torcida excepcionalmente numerosa, se tratará sempre de uma parte. A seleção, ainda que hoje autores contemporâneos não a enxerguem como representação unânime do país, em 1950 era a metonímia mais completa de Brasil e Barbosa, o último guardião da nação.

Tal particularidade ajuda a entender por que Barbosa e derrota passaram a ser como ímãs, cujo poder de atração e fusão era fortalecido a cada véspera de jogo contra o Uruguai. É verdade que a memória da derrota elaborada e difundida pela imprensa tem outros elementos constitutivos. Os jornais, as rádios e a televisão também destacam a exploração política a que foram submetidos os jogadores, principalmente a partir da mudança do quartel general da seleção depois da goleada de 6 a 1 sobre a Espanha, da longínqua concentração no Joá para o Estádio de São Januário, onde eram visitados por candidatos à eleição para presidente da República a ser realizada no fim daquele ano.

A mídia não se furtou a acolher a reclamação de Barbosa e dos outros jogadores de que "tiraram a gente do céu e colocaram no inferno" (Moraes Neto, 2000). Essa assim como a temeridade de desprezar o adversário e evitar "o ganhar de véspera" foram lições bem absorvidas e que resultaram em modificações na superestrutura do futebol. Ainda que sejam tarefas incompletas, a cobrança do seu cumprimento ocupa lugar de destaque permanente na imprensa.

Como se tem defendido, a leitura do passado é decisiva para quem pretende manter no futuro a conquista do presente. Nesse sentido, é significativo que os mesmos legitimadores sociais, localizados principalmente na imprensa e que, em boa medida, já reabilitaram a seleção de 1982, de Telê, Zico, Falcão e Sócrates, que sequer chegou à semifinal da Copa da França, sigam insistindo em culpabilizar Barbosa pela derrota em 1950. Dinâmicas e permanentes, as operações de reelaboração de memória empreendidas pelos jornais não podem se descolar completamente do momento presente, sob pena de se desacreditarem, num risco análogo ao ocorrido aos portadores de estigmas (Goffman, 1975).

A reelaboração da memória de 1982 não se prende apenas ao saudosismo da última seleção brasileira a praticar "o futebol arte" — ou seja, jogar à brasileira, tal como consagra esse conceito a ontologia desse esporte no país —, mas também é reativa à não consagração do chamado "futebol de resultados". Destaque-se que a imprensa, ainda que sob forte tensão interna e externa, também teve papel-chave nessa última elaboração, cuja aceitação tem origem no longo jejum de títulos do "futebol arte".

2.4 Do carnaval ao velório

Quem foi ao Maracanã naquele 16 de julho foi menos para assistir a um jogo de futebol do que para participar de um carnaval, o maior que já houvera.

(Mario Filho, Manchete Esportiva, 12/4/1958)

Conspira ainda para a perenidade da culpabilização de Barbosa a territorialidade da derrota. Embora a taça entregue ao vencedor de cada mundial seja exatamente a mesma, o local no qual a competição é realizada tem forte componente simbólico. Não por acaso, nas 16 edições da Copa do Mundo realizadas entre 1930 e 1988[9], apenas uma única vez um país sagrou-se campeão em outro continente[10]. Além disso, em seis ocasiões, ou quase 50% do total do mesmo intervalo, os anfitriões foram campeões. Também no mesmo período analisado, apenas uma única outra vez, antes e depois de 1950, o "dono da casa" foi derrotado por "um forasteiro" na final[11].

Construído especialmente para a conquista do mundial de 1950, o Maracanã, até em sua forma de coliseu, simbolizava a afirmação da superioridade do Brasil sobre os adversários. Em cem partidas jogadas no Maracanã até 2000, em apenas sete o Brasil foi derrotado. Apesar disso, ao completar seu cinquentenário, ele teve seu nome associado pela imprensa ao 16 de julho. Faltou o registro que, depois daquela data, o Brasil nunca mais foi derrotado pelo Uruguai no mesmo estádio. O simbolismo da derrota é tão forte que, após o jogo da perda do título, a então Confederação Brasileira de Futebol (CDB) suspendeu durante três anos e oitos meses as partidas da seleção no estádio. O Brasil somente voltou a pisar no gramado do Maracanã, em 14 de março de 1954, quando derrotou o Chile por 1 a 0, pelas eliminatórias da Copa de 1954, que seria realizada na Suíça.

---

[9] Nossa pesquisa foi concluída antes da Copa de 2002. A partir de 2002, quatro seleções: Brasil (2002), Alemanha (2006), Espanha (2010) e Argentina (2022) foram campeãs em outros continentes. Em 2022, a França venceu na Rússia, um país eurasiático.

[10] Em 1958, o Brasil foi campeão mundial na Suécia. Foi a primeira vez, até então, que uma seleção das Américas ou da Europa conquistou o título fora do seu continente.

[11] O Brasil fez a final contra a Suécia, vencendo os donos da casa por 5 a 2. Ressalve-se, no entanto, que, diferentemente do Brasil, a Suécia não guardava forte tradição no futebol. O país, que nunca conquistou uma Copa do Mundo, tem nesse vice-campeonato sua melhor colocação em mundiais até hoje.

Num processo de desconstrução tardia, Barbosa, depois de reclamar que "as responsabilidades foram todas jogadas para cima dos jogadores, sem serem divididas", afirmou que, se a partida tivesse sido realizada fora do Brasil, "talvez tivéssemos ganhado a Copa" (Moraes Neto, 2000). Sem abordar aqui a relação assimétrica entre ídolo e fã, o que será objeto do próximo capítulo, registre-se no depoimento do ex-goleiro a tensão de Barbosa e seus companheiros com a torcida, marcada por uma relação de pressão (sobre os adversários) e contrapressão (sobre os donos do território). Essa tensão também se explicita quando ele alia ao pedido de divisão de responsabilidades a reclamação contra o fato de "o povo não ter sido preparado" para as dificuldades que o time enfrentaria. Ao mesmo tempo, revelando a fusão entre "povo" e "seleção", Barbosa apressa-se em acrescentar que a seleção também não estava preparada, "porque entrou na euforia do 'já ganhou'" (Moraes Neto, 2000).

Com as desigualdades e os preconceitos sociais que marcam a sociedade brasileira, não se deve descartar o peso do viés racista e social como fatores constitutivos importantes da construção do mito do "frango" de Barbosa. Tais componentes, no entanto, não devem ser absolutizados sob pena de se cair num reducionismo empobrecedor, que não pode driblar o fato, extremamente significativo, de que a esmagadora maioria dos principais ídolos nacionais do futebol é negra e/ou de origem pobre.

O próprio Barbosa, sem deixar de se queixar desse estigma, procura relativizar seu peso para reelaborar um papel mais assertivo para si próprio, argumentando que sua volta à seleção em 1953 põe em xeque a solidez granítica do viés racista. Ele avalia ainda que somente não foi convocado para a Copa de 1954, na Suíça, por ter quebrado a perna, episódio que será retomado no próximo capítulo.

Barbosa tinha consciência de que a derrota "mexeu com o Brasil". Como integrante da equipe dos jogadores no conceito desenvolvido por Goffman (1995) sobre a representação e a performance dos diversos atores sociais, ele separava a derrota "no aspecto esportivo" do "campo nacional" num sentido mais amplo, sem se dar conta da profunda integração entre ambos e da representação do segundo pelo primeiro. Isso não o impedia, no entanto, de defender a importância de "ser brasileiro": "Sempre achei que nós, brasileiros, subestimamos aquilo que somos. Nunca acreditamos no que somos" (Moraes Neto, 2000, p. 51).

Na sua reelaboração particular da derrota, ele vai mais longe na importância da questão nacional: "O Brasil será um grande país no dia em que acreditarmos naquilo que somos." Mas, também, lamentava: "Até hoje ainda duvidamos daquilo que somos" (Moraes Neto, 2000, p. 52). Aparentemente desprovida de sofisticação teórica, tal concepção encontra-se, porém, encharcada por visões importantes da Era Vargas. A reclamação do ex-goleiro condensa, ao mesmo tempo, a possibilidade de o Brasil se constituir uma grande nação e o fracasso desse objetivo, debitado, entre outros fatores, à incapacidade do seu povo. Em consonância com a gramática varguista, ele concebia a possibilidade do erguimento de uma grande nação, apesar da descrença ou da incapacidade de o seu povo de estar à altura de tal projeto. Tal dicotomia nutria a necessidade da existência de "um pai dos pobres" e a urgência da ação do Estado para preencher aquele vácuo.

Registre-se ainda que Barbosa não se exclui desse processo, incluindo-se entre os brasileiros "que não acreditamos nisso". Ele mostra ainda consciência de que o projeto nacional está sujeito a obstáculos, internos e externos, poderosos: "Há quem queira que o país continue subdesenvolvido, não cresça perante o mundo: querem ver o Brasil espezinhado, massacrado, pisado. A gente tem de aturar, mas ainda acredito que nós, o Brasil, vamos crescer" (Moraes Neto, 2000, p. 51, grifo nosso).

A não explicitação dos "inimigos" do desenvolvimento encontra correspondência na carta-testamento de Vargas, na qual ele refere-se à "espoliação dos grupos econômicos e financeiros internacionais", sem nomeá-los, senão por metáforas. Aliás, também plagiando Vargas, que proclamou sair "da vida para entrar na História", Barbosa afirmou que, diferentemente de muita gente que "não entrou para a História, eu jamais sairei da História do futebol brasileiro".

As diferentes reelaborações da derrota obrigavam Barbosa a adaptar seu discurso ao pagamento da dívida contraída com a nação que lhe foi imposto. Quando, em de abril de 1951, nove meses após o 16 de julho, o Vasco, base da seleção nacional, derrotou o Peñarol, base da seleção celeste, em dois amistosos — 3 a 0, em Montevidéu, e 2 a 0, no Maracanã —, as vitórias da equipe brasileira foram apresentadas pelos jornais daqui como uma oportunidade de "desforra". Nesse contexto, plagiando Ghiggia, que, em diversas ocasiões, repetiu que apenas "o papa, Frank Sinatra e eu calamos o Maracanã", Barbosa proclamou: "Eu também calei o Centenário [estádio uruguaio]."

Para Halbwachs (1990), a linguagem, o tempo e o espaço são quadros sociais de memória. Ele propõe ainda o tratamento da memória como fenômeno social. Herdeiro da sociologia francesa, Halbwachs prolonga os estudos de Durkheim, ao mesmo tempo em que se contrapõe às teorias de Bergson. Se para Durkheim os fatos sociais são exteriores ao indivíduo e dotados de poder coercitivo, para Halbwachs o que importa não é a memória, mas os quadros sociais da memória. Na sua obra, que parte de uma polêmica com Bergson — para quem a concepção de memória pura opõe espírito, lugar da memória, à matéria, lugar da percepção —, Halbwachs afirma que a memória é, por natureza, social.

A memória individual estaria sempre construída em relação ao grupo do qual se faz parte, em relação ao meio social e em relação a todos que nos cercam. Como já visto, na sociedade brasileira, os jornais constituíram-se como um dos produtores da memória e, portanto, como um dos senhores da memória da sociedade, aumentando seu campo de atuação e, sobretudo, seu poder. Analogamente, Barbosa, ao reelaborar sua memória individual de 1950, também recorre à dialética esquecer e recordar, recorrente nos jornais.

Embora depois do 16 de julho tenha se encontrado com Ghiggia por diversas vezes, ele garante que nunca conversaram sobre o gol fatal: "Nunca. Jamais tocamos nesse assunto. Nunca tive curiosidade de perguntar a ele" (Moraes Neto, 2000, p. 49). Ele assegura ainda que, ao contrário de outros jogadores, como Zizinho e Augusto, nunca sonhou com a partida. Barbosa alega que, "se eu sonhasse, não iria mudar o rumo da história". Em sua *Interpretação dos sonhos* (1969), Freud sustenta que a repetição dos sonhos somente é interrompida pela interpretação destes. Como contraface desse conceito, pode-se argumentar que o não sonhar, ao evitar a interrupção, eternizaria o objeto da angústia refletida no sonho, numa repetição compulsiva.

Sem uma explicação para mapear o incômodo, Barbosa, também, reatualiza o mito pelo não sonhar. Ao esquecimento do ex-goleiro, contrapõe-se a lembrança e a atualização permanente da imprensa. Oito anos depois da derrota, Nelson Rodrigues ainda proclamava que, em 1950, "houve mais do que o revés de 11 sujeitos, houve o fracasso do homem brasileiro" (Manchete Esportiva, 17/5/1958). No mesmo artigo, apontava no 16 de julho a origem "do complexo de vira-lata do brasileiro", entendido esse processo como "a inferioridade em que o brasileiro se coloca, voluntariamente, em face do resto do mundo".

Para o jornalista e dramaturgo, de forte influência na historiografia do futebol brasileiro, "a vergonha de 50 foi uma humilhação pior que a de Canudos" (O Globo, 18/11/1963) e também "uma humilhação jamais cicatrizada", que "ainda pinga sangue" (O Globo, 14/4/1969). Mais do que tudo, para jornais que falavam pela voz de Nelson, 1950 era a síntese de derrota e Barbosa, seu símbolo máximo. Essa lembrança simbólica de um tempo vivido é que justifica sua permanência a cada partida vencida ou perdida para os uruguaios.

A construção da derrota de 1950, mesmo quando se funda em relatos baseados em memórias, é, por natureza, social, uma vez que foram produzidos por indivíduos inscritos num grupo a partir de suas referências dentro desse grupo. Além disso, reportam-se a símbolos, sinais sociais, e não podem ser recuperados sem as imagens do passado que ainda têm significação na memória coletiva hoje. A memória não é uma operação mecânica, mas sim de natureza simbólica.

A derrota de 1950 foi estigmatizada como um crime. Um crime cometido por Barbosa. Mas esse crime, mesmo que individual, assume um caráter coletivo: foi um crime contra a nação brasileira. Um crime não é uma noção unívoca, nem estruturada e reenviada a realidades heterogêneas. Falar de um crime nacional, à medida que, no termo, encontram-se duas regiões plenamente configuradas — o direito e a moral —, é referir-se às representações sociais e à própria questão da identidade. Nesse sentido, o crime contra a nação é acontecimento incompatível com as representações constitutivas da identidade nacional, isto é, que não se conformam com os valores historicamente datados e que definem uma espécie de personalidade da nação (Nicolaïdis, 1994).

Nesse processo, ao mesmo tempo em que se constroem amnésias coletivas, produzem-se também representações coletivas que viram uma espécie de verdade do acontecimento. Isso pode ser exemplificado com a construção do mito do silêncio da derrota a que nos referimos anteriormente. O fenômeno deve ser examinado, portanto, em dois níveis: no nível da história e da memória, do acontecimento passado e de sua inscrição no presente. É preciso considerar que o conhecimento é algo diferente da memória: o primeiro permite recuperar uma dada verdade, o segundo refere-se à identidade.

Com a retirada de Barbosa dos gramados, em 1962, o mito do "frango" de 1950 perde seu único — ainda que frágil — contraponto. Desidratam-se, assim, as principais forças cerzidoras da versão do goleiro: suas defesas espetaculares, suas vitórias, os títulos que continuou conquistando, e, principalmente, o apoio dos fãs, parte constitutiva indispensável dos ídolos e que, com o fim da carreira, o despojam de tal condição, como se examinará no próximo capítulo.

CAPÍTULO III

DE VELHO AMIGO A ETERNO VILÃO

*Há certos momentos de genialidade no futebol, daquela capacidade
de improviso..., que artista nenhum consegue produzir.*

(Chico Buarque, O Globo, 21/1/2002)

Aos 41 anos de idade, Moacyr Barbosa dobrou-se a um canto
do gol, em Madureira, e pediu para sair do jôgo. Nesse instante, no domingo passado, talvez tenha terminado uma
das maiores e mais brilhantes carreiras de um jogador de
futebol. Ao final de 20 anos de atividade quase ininterrupta,
o velho Barbosa conseguiu uma nova vitória: seu corpo
cedera à idade, mas sua técnica estava intacta — era ainda
um grande goleiro.

Assim, o *Jornal do Brasil* registrou, em 12 de julho de 1962, a despedida de Barbosa, ocorrida em 8 de julho de 1962, no acanhado estádio do
Madureira. Perante um público de apenas cerca de 200 pessoas, Barbosa
defendeu pela última vez o Campo Grande, em jogo pela segunda rodada
do primeiro turno do Campeonato Carioca de Futebol, que terminou empa-
tado em 1 a 1. Uma distensão muscular, acidente banal para um jogador
jovem, levou o veterano goleiro a deixar o campo amparado pelo médico
e aplaudido pela torcida dos dois times, iniciando sua aposentadoria a
apenas oito dias de a data mais marcante de sua carreira completar 12 anos.

Barbosa retirou-se invicto da competição, pois, na primeira partida, o Campo Grande derrotara, por 1 a 0, o poderoso Botafogo, base da
seleção brasileira bicampeã mundial no Chile naquele mesmo ano e que
se tornaria bicampeão carioca. Apesar da pequena torcida presente, ele,
que já jogara, em 1950, para um dos maiores públicos do futebol mundial, de cerca de 200 mil pessoas, mostrou na gratidão aos torcedores a
importância destes para a constituição dos ídolos.

Uma pequena torcida, que, talvez, não tenha me visto
jogar na minha melhor fase. Mas ela aplaudiu como se

agradecesse por tudo que fiz como atleta. Senti como se cada uma daquelas pessoas batesse as mãos em minhas costas, despedindo-se de um velho amigo. Mesmo louco de dor, ainda vi o estádio todo me aplaudindo de pé, como se despede de um amigo. Emoção como essa, eu só tivera em 1953, quando meninos de colégio organizavam listas para comprar caixas de biscoitos e levá-las ao hospital onde eu estava internado com a perna quebrada (Jornal do Brasil, 12/7/1962).

A última lembrança refere-se à contusão sofrida durante jogo com o Botafogo, naquele ano, e ao período em que passou internado no Hospital dos Acidentados e mostra que, apesar do estigma de 1950, Barbosa continuava a desfrutar de grande prestígio entre os torcedores, principalmente entre os jovens vascaínos. Aliás, não só entre eles. Orgulhava-se de que, entre as assinaturas no livro de visitantes, que guardou até o final da vida, constava a do ajudante de ordens do então presidente Getúlio Vargas (O Globo, 20/7/1982).

A própria maneira respeitosa como o *JB* se refere a sua carreira — "uma das mais brilhantes de um jogador de futebol" e não apenas de um goleiro, posição de poucos ídolos no Brasil — reforça a ideia de que, com sua retirada dos gramados, Barbosa perdia o principal contraponto ao "frango" de 1950.

Em defesa da sua face, o goleiro sempre argumentou que, se fosse efetivamente o culpado pela derrota, não teria sido novamente convocado para a seleção que disputou o campeonato Sul-Americano, de 1953, no Peru. Ele foi escalado para a partida em que o Brasil derrotou o Equador por 2 a 0, em 12 de março. Os quase três anos transcorridos entre o 16 de julho e essa partida não podem ser considerados uma pena particular imposta a Barbosa. Após a derrota para o Uruguai, a então Confederação Brasileira de Desportos (CDB) suspendeu todos os jogos da seleção durante um ano e oito meses.

A equipe brasileira somente voltou a entrar em campo, em 6 de abril de 1952, no Estádio Nacional de Santiago do Chile[12], quando estreou no Campeonato Pan-Americano, derrotando o México por 2 a 0. Dos titulares de 1950 participaram apenas Bauer e Ademir, além de quatro

---

[12] Curiosamente o estádio chileno era o maior complexo esportivo da América do Sul até a inauguração do Maracanã. O Nacional foi inaugurado em 4 de dezembro de 1938, com a vitória do Colo-Colo por 6 a 3 sobre o time carioca São Cristóvão.

reservas do mesmo time: Castilho, Nilton Santos, Baltazar e Rodríguez. Registre-se ainda que a precariedade dos meios de transporte da época e a ausência de grandes patrocinadores tornavam os jogos da seleção muito mais espaçados do que após o prestígio alcançado com os campeonatos mundiais conquistados. Aquela, é verdade, foi a única partida disputada por Barbosa após o 16 de julho. Seu contra-argumento, no entanto, é que somente não fora convocado para a Copa de 1954, na Alemanha, por ter quebrado a perna e não ter tido tempo de recuperar a forma física e técnica.

Mas, com o fim da carreira, o discurso dos jornais sobre ele — o que nos interessa mostrar de maneira mais particular neste capítulo — perde qualquer caráter polissêmico, crescendo, em suas páginas, a representação quase exclusiva de Barbosa como principal culpado pela tragédia de 1950. A nossa hipótese é que, ao abandonar os gramados e a condição de ídolo, Barbosa perde, ou vê extremamente borrado, o principal lugar de memória considerado pelos jornais para manterem os ídolos no seu noticiário: sua adoração pelos torcedores.

Emprega-se aqui lugar de memória tal como o conceito foi concebido por Pierre Nora (1984). Para Nora, o passado seria reatualizado em lugares de memória, cujas características material, funcional e simbólica fariam deles elementos fundamentais na reorganização de uma dada memória da sociedade. Nora percebe os lugares de memória como simples e ambíguos, naturais e artificiais. À medida que não haveria mais uma memória espontânea, seria preciso registrar, em profusão, a própria vida presente e relembrar o passado a cada instante, mas sobretudo criar lugares de memória, sejam de natureza eminentemente material (arquivos, monumentos), sejam da ordem do simbólico (comemorações e datas nacionais, por exemplo).

O pesquisador, no entanto, salienta que não basta o simples registro ou arquivo para fazer de algo um lugar de memória. Ele defende ser necessário haver um investimento afetivo que emoldure e reatualize o objeto ou o personagem registrado. O que se defende aqui é que, para um ídolo, não pode haver registro que represente maior investimento afetivo do que lhe é dedicado pelo torcedor.

Essa concepção vai ao encontro da definição de Nora, para o qual o principal objetivo do lugar de memória é "parar o tempo, bloquear o ato de esquecer, estabelecer um estado de coisas, imortalizar a morte, materializar o imaterial" (Nora, 1984, p. 16). Tudo isso, acrescenta, para capturar o máximo de significado com o menor número de signos possível. Para ele, a existência dos lugares de memória assenta-se "na sua capacidade de metamorfose, de uma reciclagem incessante de seu significado e de uma imprevisível proliferação de suas ramificações" (Nora, 1984, p. 16).

A capacidade de reciclagem e metamorfose tem na relação fã/ídolo uma das suas mais perfeitas sínteses. Na realidade, embora, em geral, tenham pouca consciência de sua condição simbiótica, ambos são as duas faces da mesma moeda, ainda que mantenham relação fortemente assimétrica. Um constitui o outro e nenhum dos dois existe ou sobrevive sem o outro. Quando e se Messi ou Cristiano Ronaldo, por exemplo, tiverem a notoriedade de um físico quântico, nenhum deles, certamente, será mais Messi ou Cristiano Ronaldo, pelo menos não tal qual são concebidos hoje pelo senso comum, alimentado e constantemente reelaborado pelos jornais.

Da mesma forma, quando e se o futebol deixar de ter Messis, Cristianos Ronaldos e/ou seus equivalentes na idolatria, não terá mais fãs. Pelo menos não na acepção etimológica da palavra. Originada da abreviatura inglesa *fan* para *fanatic*, fã, na definição do Aurélio, é "um admirador exaltado". Ou seja, não se trata de mera admiração, mas de uma exaltada, exagerada, obsessiva. Em espanhol, não existe sequer a sutileza da abreviatura: no noticiário esportivo da Espanha, os torcedores são designados *los fanaticos*.

A fama no mundo moderno teve uma de suas versões mais radicais no *star system* estadunidense, que viveu seu ápice nos anos 1920 e 1930, quando atores e atrizes dos grandes estúdios de cinema tinham seus rostos difundidos em várias partes do planeta, numa escala midiática nunca antes conhecida (Coelho, 1999). Independentemente do grau de escala dos meios de comunicação — e este trabalho se atém, centralmente, aos jornais brasileiros —, uma característica é comum e essencial ao modelo que constitui a fama: um indivíduo ocupa a atenção de muitos, que, porém, permanecem, praticamente, desconhecidos para ele, que deles tem, no máximo, uma percepção quantitativa ou meramente eventual.

No Brasil, a despeito do prestígio desfrutado por atores globais e cantores populares, nenhuma profissão materializa melhor a experiência da fama em toda a sua intensidade do que a do jogador de futebol, na qual a tensão entre os domínios público e privado aparece com maior complexidade. E diferentemente de outros campos, nos quais o fenômeno da fama está longe de seu maior apogeu, o futebol vive momento de exacerbação da idolatria de seus principais ídolos incomparável ao de outros universos no país[13].

Nesse contexto, o torcedor de futebol, a exemplo do fã dos artistas globais, é um dos principais lugares de memória considerado pela imprensa ao reelaborar diferentes representações da imagem dos ídolos. Embora, pelo menos oficialmente, não seja assumido pelas emissoras como um critério para distribuição de papéis nas novelas, numa época pré-redes sociais, o volume de correspondência recebida dos fãs era apontado pela imprensa como importante medidor do prestígio dos atores. Era, então, recorrente o uso de expressões como "campeão de correspondência" para aferir o sucesso de atores consagrados ou iniciantes (Coelho, 1999).

No futebol, o termômetro equivalente às correspondências para os ídolos — também numerosas para os jogadores, na era pré-redes sociais, embora menos quantificáveis pela inexistência de uma centralização como a do departamento de divulgação da TV Globo — é a venda das camisas dos ídolos.[14] As editorias esportivas dos jornais costumavam usar a gangorra das vendas de camisas com os números dos ídolos como um dos critérios definidores de prestígio junto aos torcedores e, portanto, de espaço recebido pela imprensa.[15]

A importância de torcedores como lugar de memória é particularmente mais relevante num país em que somente o presidente da República e o ministro da Fazenda rivalizam em espaço na imprensa com os principais astros do futebol. O tratamento destinado pelos jornais a ídolos daquele período, como Zizinho e Leônidas da Silva, pode ainda revelar outras nuanças da sociedade brasileira, quando se sabe que pesquisa do Centro de Pesquisa e Documentação (CPDOC) da Fundação Getulio Var-

---

[13] A TV Globo publicou, em setembro de 2000, no jornal *O Globo*, pesquisa do Ibope revelando que sua novela de maior audiência não ultrapassa a marca de 40% dos televisores ligados. Pesquisas posteriores divulgadas no mesmo periódico apontam números não muito diferentes. Isso revela que, embora à época desta obra, continuasse a ser um fenômeno de massa expressivo, esse gênero — e, por tabela, os ídolos que produz — está bem distanciado do clímax atingido nos anos 70 e 80, quando chegava a alcançar índices superiores a 80%. Apenas como contraponto, compare-se o espaço dedicado pela imprensa a Ronaldinho numa visita a Kosovo, em 1999, ou ao anúncio da gravidez de uma das suas namoradas ao fornecido a qualquer galã emergente da novela das oito da noite.

[14] Com o fenômeno das redes sociais, números de seguidores nessas plataformas passaram a ocupar o lugar das medições analógicas representadas pelas cartas.

[15] Como o objeto de estudo é anterior à emergência das redes sociais, aqui não se utilizam estas como referências nem para medir a popularidade de jogadores nem de galãs globais. Não se trata de obter resultados datados ou não, mas de socorrer-se das unidades de medida da época dos fatos tratados neste texto.

gas, no fim dos anos 1990, revelou que 21% da população metropolitana do Rio desconheciam até mesmo o nome do presidente da República (O Globo, 26/11/97).

Pode-se argumentar que, nos anos 1940 e 1950, quando Barbosa viveu o auge da sua carreira, o fenômeno midiático não era sequer comparável ao vivido pelos ídolos contemporâneos. Registre-se, porém, ao mesmo tempo, que, mesmo em relação aos grandes ídolos do rádio — meio de comunicação mais popular do período —, o prestígio dos principais craques do futebol da época era superior.[16] Dois exemplos emblemáticos ilustram esse *status*. Um dos chocolates mais consumidos no país até pouco tempo, *Diamante Negro*, devia essa denominação a Leônidas da Silva, apontado por muitos como o inventor, ou pelo menos um dos primeiros divulgadores, da bicicleta no futebol. No mesmo ano da derrota de 1950, numa enquete promovida para escolher o jogador mais popular do país, Ademir Menezes, artilheiro do Brasil naquele mundial com nove gols, obteve mais votos do que Getúlio Vargas teria ao conquistar a presidência da República no mesmo ano.

Para além de uma comparação de épocas distintas que exigiria unidades de medidas complexas e de eficácia passíveis de questionamentos, destaque-se que este trabalho não se atém a uma visão de memória estática ou estratificada. O que se tem defendido é um enfoque da memória como uma operação de reelaboração permanente e em consonância com contextos sociais também em transformação.

Assim, a crescente valorização dos ídolos contemporâneos do futebol também serve para alimentar a reelaboração da memória dos heróis do passado, cuja expressão mais trágica foi sintetizada por Barbosa e seus companheiros da derrota do 16 de julho, até o 7 a 1 para a Alemanha, na Copa de 2014. Dialeticamente, a uma perda de brilho da idolatria dos craques atuais corresponderia um esmaecimento da memória dos heróis/vilões do passado, que, nessa situação, subsistiria, principalmente, como algo de ordem saudosista.

Principais responsáveis então pela operação de reatualização da memória nacional, os jornais simplesmente deixaram, a partir do afas-

---

[16] Pesquisa realizada pela Organização das Nações Unidas (ONU), entre julho e agosto de 1991, revelou que o nome-marca mais conhecido em todo o planeta em todos os setores era o de Pelé, deixando a Coca-Cola e o papa, respectivamente, em segundo e terceiro lugares (Murad, 1996, p. 124). Sem discutir sequer a dimensão mundial alcançada por Pelé, nenhum dos grandes cantores brasileiros da época, à exceção de Carmem Miranda, logrou reconhecimento mundial como o obtido por craques como Domingos da Guia e Leônidas da Silva.

tamento do goleiro dos gramados, de considerar — salvo em reportagens extremamente isoladas como exceções que confirmam a regra — o conjunto da carreira de Barbosa — as vitórias, as glórias, os títulos pelo Vasco e pela seleção, para sintetizar seu papel como "o responsável pela derrota de 50".

E Barbosa não era um integrante qualquer do universo do futebol. Pelas glórias — e depois pela tragédia de 50 — sempre encontrou espaço generoso nos jornais antes de sua aposentadoria dos gramados. Nascido em Campinas, em São Paulo, Moacyr Barbosa começou a jogar futebol a sério, com uniforme e juiz, no Almirante Tamandaré. Em 1940, aos 19 anos, participou pela primeira vez de um campeonato organizado, defendendo o Laboratório Paulista. Um teste pouco depois no Ypiranga lhe garantiu o primeiro contrato como profissional. Em três anos já era considerado um dos melhores goleiros de São Paulo, o que levou o zagueiro Domingos da Guia — considerado pelos especialistas um dos maiores jogadores de defesa do Brasil de todos os tempos e que acertava então sua transferência do Corinthians para o Flamengo — a indicá-lo para o Vasco da Gama, que o contratou em 1943.

Era o começo da escalada para a fama, que ironicamente o conduziria também à tragédia. No Vasco, foi uma das estrelas do Expresso da Vitória[17] — apelido dado pela imprensa à equipe de São Januário. Entre 1943 e 1962, conquistou seis títulos de campeão carioca pelo Vasco. No primeiro, em 1945, participou apenas da vitória de 4 a 0 sobre o Madureira, pelo segundo turno, mas no título de 1947 esteve presente em todos os 20 jogos do Vasco, feito repetido no campeonato de 1949. Nas conquistas de 1950 e 1952, ficou ausente apenas de uma e duas partidas, respectivamente.

No chamado supercampeonato de 1958, quando Botafogo, Flamengo e Vasco enfrentaram-se em dois turnos extras para definir o campeão, esteve presente em 14 das 26 partidas. Ainda em 1958, Barbosa seria campeão do Torneio Rio-São Paulo e, em 1957, da Taça Tereza Herrera, tradicional competição jogada na Espanha. Depois da euforia, a ressaca. Após as conquistas do Expresso da Vitória, o Vasco somente voltaria a ser campeão estadual em 1970, o que fortalece nos jornais a representação

---

[17]   O fato de jogar num time que era tratado pela imprensa como metonímia de vitória — construção decorrente dos títulos conquistados antes e depois da Copa do Mundo — é parte integrante da elaboração pela imprensa de uma identidade positiva para Barbosa. Essa situação foi reforçada pela convocação de oito jogadores da mesma equipe para a seleção brasileira na Copa de 1950.

positiva dos jogadores daquela equipe em contraponto a pouco mais de uma década sem títulos.

Ao perder seu principal lugar de memória — o fã —, Barbosa vê esvaziar também seu principal contraponto ao discurso uno que passa a tomar conta da imprensa, que, ao mesmo tempo em que o "esquece", o ressuscita às vésperas de cada jogo com o Uruguai. A partir do seu afastamento dos gramados, escasseia o noticiário nos jornais sobre Barbosa. Irônica e significativamente, um dos raros exemplos de vida do ex-goleiro no noticiário fora do script reservado às vésperas das partidas da seleção com os uruguaios veio do anúncio da sua suposta morte.

Em 22 de fevereiro de 1979, a Rádio Globo, numa "barriga" (notícia errada, no jargão jornalístico) imperdoável, noticiou que ele morrera, vitimado por um edema pulmonar, e anunciou até o sepultamento de seu corpo no cemitério São João Batista, no Rio de Janeiro. Apesar de, obviamente, aborrecido e constrangido, Barbosa, então trabalhando como funcionário do Maracanã, manteve o bom humor, ao desmentir, de corpo presente, a notícia: "Podem escrever que estou bem de saúde, trabalhando normalmente aqui no Maracanã, tomando meus uísques e que sou o primeiro 'morto' que dá entrevista para jornal" (O Globo, 23/2/1979).

Esse, no entanto, é registro jornalístico quase solitário. Com seu afastamento dos campos, a reelaboração da memória sobre sua carreira pelos jornais restringe-se, quase exclusivamente, aos depoimentos dos que o viram jogar. Estes, porém, têm alcance restrito e também são informados pelo noticiário que o sintetiza como sinônimo de derrota. O reducionismo levou Barbosa, alguns anos antes da morte, em 2000, a desabafar com o radialista Luiz Mendes[18] que, para os que não o viram jogar, sua carreira resumia-se à derrota para o Uruguai.

Ao reproduzir esse diálogo, Mendes fez questão de ressaltar que, para ele, a história de Barbosa teria epitáfio menos empobrecedor. "Foi o maior goleiro brasileiro de todos os tempos, que foi marcado por uma infelicidade", resumiu.[19] Sem deixar de registrar a ambiguidade que a interpretação da palavra "infelicidade" permite, é fundamental, no entanto, a distinção entre a memória pessoal dos jornalistas e a memória que eles

---

[18] Responsável pela narração para a Rádio Globo, Luiz Mendes foi um dos 13 locutores de rádios cariocas e paulistas presentes ao Maracanã no 16 de julho.

[19] Depoimento em entrevista ao autor, em 20 de fevereiro de 2002.

produzem socialmente nos jornais. Por se dirigirem a um público mais amplo do que o mundo dos especialistas aos quais muitas vezes se reportam, os jornalistas têm de ser decodificadores de gramáticas específicas e, em geral, mais herméticas, para linguagens que atinjam um público nem sempre iniciado no tema tratado.

Nesse contrato entre linguagem formal e informal, em benefício da clareza e da concisão, a síntese do discurso faz com que este perca em nuança. Nesse processo, partes da notícia, classificadas de aspecto principal do fato principal (*lead* e/ou título da matéria), passam a caracterizá-la pelo todo. Numa inversão/desconstrução, em vez de o todo ser mais do que a soma das partes, a parte principal da notícia é, muitas vezes, não apenas mais do que o todo, mas a única digna de registro. Ou a que informa e sintetiza fatos e personagens. E, não raro, a única parte lida pela maioria do público.

3.1 A objetividade como um processo social

Meu Deus, pior desgraça não podia acontecer!

(José Lins do Rego, O Globo, 18/7/1950)

A característica telegráfica do jornalismo moderno aprofunda-se, sobretudo, a partir da I Guerra Mundial, quando passa a predominar o modelo de jornalismo estadunidense sobre o brasileiro. Diante da assimetria entre a quantidade de material telegráfico recebido do front na Europa e o espaço escasso e o tempo curto para enviar as informações, os jornais e agências de notícias dos Estados Unidos passaram a hierarquizar os fatos a partir da sua ordem de importância, tendo como principal paradigma o grau de influência sobre a vida dos leitores, o que se tornou o primeiro conceito moderno de notícia.

No Brasil, um dos principais jornais a incorporar e adotar a técnica estadunidense do *lead* foi o *Diário Carioca*, que, em pleno Carnaval de 1950, teve escrito um dos primeiros manuais de redação de um periódico brasileiro.[20] O autor da novidade foi o diretor de redação do jornal, Pom-

---

[20] Também a *Tribuna da Imprensa* criou seu manual de redação no mesmo período. Para ler mais sobre esse complexo processo de criar a ideia de objetividade para o discurso jornalístico — por meio de uma série de mudanças na estrutura organizacional da redação, no funcionamento desta e na edição do texto —, paralelamente à estruturação de um campo de saber próprio do jornalismo nas universidades, ver Ribeiro (2001).

peu de Souza, que integrou um grupo de jovens jornalistas convidados a estudar nos Estados Unidos e conhecer o modelo local. Principal nome a destacar-se no grupo, Pompeu trabalhou ainda no serviço brasileiro da *Voz da América*, entre 1941 e 1943 (Refkalefsky, 1997). Um dos principais alvos da obra de Pompeu era o "nariz de cera" — introdução longa, muitas vezes com pretensões literárias, que buscava ambientar o leitor antes de apresentá-lo aos fatos. O "nariz de cera" era a principal técnica do jornalismo nacional até o início dos anos 1950.[21]

O surgimento desses *stylebooks*, como eram chamados nas redações dos Estados Unidos, ou manuais de redação, como batizados no Brasil, era uma das faces mais emblemáticas de um processo mais geral, que procurou, pelo culto à racionalização e à padronização do estilo, imprimir um novo paradigma ao jornalismo. Sem essa ruptura, a produção em série de textos, como demandava a lógica industrial que se consolidava no setor, não seria factível. O principal objetivo dos manuais não era, meramente, garantir a difusão da norma culta da língua, mas, principalmente, adequar a produção jornalística à lógica da produção industrial. Tal mudança de paradigma foi sintetizada com rara objetividade por um contemporâneo. Assim avalia José Ramos Tinhorão, que trabalhou com Pompeu no *DC*:

> *É claro que tudo isso* (as reformas no jornal) teve um motivo. E a razão foi econômica: com a fria objetividade do seu pragmatismo, os norte-americanos haviam descoberto que se gastava chumbo e tinta demais com adjetivos, advérbios de modo e tempos compostos dos verbos (Tinhorão, 1986 *apud* Refkalefsky, 1997, p. 40).

As transformações vividas pela imprensa nos anos 1950 consolidavam e radicalizavam um processo de mudanças que já se insinuava, principalmente a partir do início do século XX, quando o jornalismo quase artesanal de então passou a dar lugar a empresas jornalísticas com estruturas mais complexas, dotadas de equipamentos gráficos sofisticados. As empresas jornalísticas mais capitalizadas importam rotativas Marinoni, e as de menor porte apelam para os prelos italianos do tipo Derriey, de menor sofisticação. Em maior ou menor grau, as empresas que viriam a sobreviver a esse processo seletivo modernizaram-se. Era a consolidação do jornalismo como atividade industrial — processo que passaria por novos ciclos mais adiante —, que tomava lugar do jornalismo artesanal,

---

[21] Mesmo não disseminada, existia referência ao *lead* nos jornais desde os anos 1920 (Barbosa, 2000).

embora deste ainda restassem, principalmente nos modos de fazer dos jornalistas, resquícios que só viriam a ser varridos mais tarde.

O avanço do processo industrial nas redações estava em consonância com a aceleração do ritmo de vida trazido pelo incremento da sociedade industrial brasileira. Entre 1950 e 1964, o processo de modernização do país viveu uma espécie de "idade média", com a implantação da infraestrutura mínima, para alavancar a industrialização (Lage, 1998). O processo de transferência da população do campo para a cidade, concluído em apenas 50 anos, entre 1930 e 1980, foi um dos mais avassaladores e profundos registrados pela história (Censo do IBGE de 1950).[22] A inversão no fluxo da população acelerava-se geometricamente, com todas as implicações culturais, sociais e políticas que uma mudança dessa grandeza trazia. Implicações em relação às quais os jornais, não somente não ficaram imunes, como cumpriram importante papel na fundação e na propagação de um discurso que referendasse a transformação grandiosa.

O novo modelo de jornalismo tinha como foco o conceito de notícia. A principal função de um texto jornalístico era relatar os fatos mais importantes de um acontecimento. A abertura da matéria — o *lead* ou lide, no que era mais um aportuguesamento da palavra em inglês do que uma tradução — tinha como função responder a seis perguntas básicas: *quem* fez *o quê, onde, como, quando* e *por quê?* Pelo novo paradigma, os jornalistas deveriam ser neutros e objetivos, em oposição ao subjetivismo do modelo anterior à profissionalização.

Com tais mudanças, facultava-se aos leitores a possibilidade de saber tudo, ou quase tudo, que ocorrera de mais importante na véspera ou, no caso dos vespertinos, no próprio dia até a hora da edição do jornal. O conceito de notícia, em tese, tornava os jornalistas mais distantes dos fatos, em contraponto ao modelo antecedente, em que a opinião do repórter e/ou do redator, não raro, era mais importante do que o fato.

---

[22] O cotejo com os anos anteriores é dificultado pela ausência de base de comparação confiável. Em 1930, devido à revolução comandada por Getúlio Vargas, o censo não foi realizado, o que impede uma comparação que tivesse como parâmetro o período anterior de incremento do processo de industrialização do país na Era Vargas. Embora o IBGE já debatesse o conceito desde 1938, o censo de 1940 ainda não subdividia a população em rural e urbana, limitando-se a contabilizar 41.236.315 habitantes. Em 1950, dos 51.944.391 de brasileiros, 33.161.526 (63,9%) viviam no campo e 18.782.865 (36,1%) nas cidades. Cf. BRASIL Recenseamento de 1950. Embora o caráter urbano do país somente vá se consolidar completamente em 1980, quando, dos 121.150.573 de brasileiros, 82.013.375 (67,7%) viviam nas cidades e 39.137.198 no campo, é evidente a influência do processo nos anos 50, tanto na imprensa quanto em outros setores.

O lema do *Diário Carioca*, "o máximo de notícia no mínimo de informação", consagrava o paradigma da pirâmide invertida, que hierarquiza os fatos do mais importante para o mais secundário. No texto do jornalismo inaugurado pela profissionalização, o texto obedece à hierarquização da notícia, não ao seu acontecimento cronológico. Embora a busca pela objetividade seja apresentada pelo novo paradigma como uma técnica neutra, seu processo é socialmente construído.

Para Tuchman (1993), por exemplo, ela faz parte de um ritual estratégico. Registre-se que a objetividade também é reivindicada por outras profissões, ainda que estas recorram a argumentações científicas, como no caso dos médicos, ou metodológicas, como os sociólogos, por exemplo. Embora neste último caso, alguns, como reporta Tuchman, insistam em recusar a comparação, sob o argumento de que necessitam reunir maior quantidade de dados para fins diferentes.

Os jornalistas ao definirem um fato objetivo se apoiariam no tripé: forma, conteúdo e relações interorganizacionais. Por forma, a pesquisadora entende os atributos das notícias e dos jornais que exemplificam o processo noticioso, como o uso de aspas. Dessa forma, jornalistas e jornais podem recorrer a terceiros para explicitar opiniões, sem precisarem editorializá-las. O conteúdo é constituído por noções de realidade que os jornalistas consideram como dadas. Ele também é informado pelas relações interorganizacionais dos profissionais, pois, a partir de suas interações com organizações e com instituições, os jornalistas passam a naturalizar certas questões sobre elas.

De um ponto de vista sociológico, pode-se considerar os procedimentos que servem à busca pela objetividade como "rituais", entendido aqui esse conceito como um procedimento de rotina, que relativamente tem pouca importância ou importância tangencial para o fim procurado. Tais procedimentos estratégicos podem ser agrupados em cinco itens: apresentação de possibilidades conflituosas (o conhecido "ouvir os dois lados"); a técnica do *lead*; provas auxiliares; uso de aspas e a separação de fatos e opinião, o que reforçaria o caráter objetivo e neutro dos primeiros em contraponto à subjetividade e à editorialização da segunda.

Por serem consideradas espaços mais livres, nos quais a busca pela objetividade pode se dar ao luxo de certo relaxamento dos seus rigores habituais, as páginas de esporte do jornalismo são pródigas para estudos de caso. Não, como veremos, sobre uma exceção na engrenagem, mas justamente para fornecer uma visão mais transparente do processo que, em outras editorias, é mais velado.

A GLÓRIA E A TRAGÉDIA DE BARBOSA: O PAPEL DA IMPRENSA PRÉ-REDES SOCIAIS NA CONSTRUÇÃO
DA MEMÓRIA DO GOLEIRO DA COPA DE 50

Tal subjetivismo mais explicitado talvez possa ser explicado pela relação estabelecida com o leitor, fortemente baseada em discursos mitológicos na representação de ídolos e fãs, o que, de certa forma, desculparia a existência de um texto abertamente mais opinativo e de forte caráter emocional. O senso comum de que "todo brasileiro gosta de futebol" também ajuda o jornalista a expor suas opiniões sobre o tema, sem necessidade de escudar-se na objetividade. É justamente o maior relaxamento na defesa da objetividade que deixa mais transparente o processo de construção do discurso jornalístico nas editorias de esporte.

A apresentação dos dois lados em um determinado conflito é um dos principais mitos fundadores da objetividade. Como, em geral, uma acusação é mais noticiável do que um desmentido — e tal equação está reificada por quase todo jornalista —, a acusação é transformada em *lead*. Este, no entanto, em grande medida, é considerado fruto do *news judgement* (perspicácia profissional). Desse modo, ainda que ambos sustentem basear-se na busca da objetividade, dois jornalistas podem produzir *leads* diferentes para uma mesma matéria, o que exporia uma fissura subjetiva naquele paradigma.

A solução para reduzir tal risco e garantir a homogeneização no tratamento de assuntos encontra-se nas políticas editoriais das empresas, que ajudam a reforçar o controle profissional dos jornais sobre os jornalistas (Soloski, 1993). Para ser mais eficiente, no entanto, a política editorial deve estar articulada com o profissionalismo exigido dos jornalistas. Para Soloski, trata-se de método mais eficiente e econômico para controlar os jornalistas do que, por exemplo, a censura explícita, porque esta é contrária ao profissionalismo e mais sujeita a vazamentos.

Ele sustenta tal argumento defendendo que a outra alternativa para a empresa manter o controle sobre o material produzido por seus profissionais, o estabelecimento de regras e comportamentos, além de burocrática, não daria conta de todas as situações. Esbarraria ainda em dois obstáculos importantes: limitaria a capacidade do jornalista para tratar do inesperado — o que pode ser fatal num setor que lida com realidade dinâmica — e no tempo gasto para socializar os jornalistas para lidar com uma infinidade de temas e situações, muitos dos quais imprevisíveis.

Entende-se aqui como profissionalismo o estabelecimento de normas e padrões — formato mais flexível do que o de regras gerais — e a institucionalização de sistemas de recompensa profissional, vital numa instituição piramidal como os jornais. Apesar de mitificações difundidas em contrário, jornalistas, em geral, não têm perspectivas ideológicas mais definidas e tendem a buscar fontes na estrutura do sistema político-econômico, o que facilita a naturalização de interlocutores ligados à defesa do *status quo*, sem que isso seja considerado antiprofissional.

Por ser socialmente construído e difundido, inclusive, mas não somente, no interior das redações, o profissionalismo é um instrumento eficiente de controle sobre os jornalistas, justamente por não constrangê-los na sua prática cotidiana. Para manter distância de fatalismos, ressalve-se, no entanto, que, mesmo aliado à política editorial das empresas, o profissionalismo também está sujeito a vazamentos importantes, principalmente diante do surgimento de questões inesperadas ou que reflitam conflitos no poder, no qual estão as fontes mais recorrentes dos profissionais das corporações.

A construção do profissionalismo sustenta-se fortemente na defesa do senso comum. Ao escrever uma matéria, o repórter sabe que ela estará sujeita ao crivo da hierarquia do jornal, que, dependendo da valoração que lhe for atribuída, pode ir do redator ao editor-geral. Independentemente do maior ou menor grau de consciência do jornalista, o processamento de qualquer notícia envolve conjecturas.

A maneira mais eficaz de o jornalista, seja o repórter, o redator, os subeditores, os editores específicos ou geral, defender sua matéria diante dos superiores hierárquicos, fontes ou, eventualmente, nos tribunais é recorrendo à objetividade. Dentro do processo de construção social que funda o jornalismo moderno, a objetividade é a norma profissional mais importante. Ela, no entanto, está fortemente ancorada no senso comum e, como este guarda fortes raízes com a defesa do *status quo*, a investigação sobre como os jornais tratam os principais ídolos do nosso futebol revela muito da sociedade da qual eles são parte influente.

Registre-se que o senso comum também não é estático, relacionando-se dialeticamente com a dinâmica social na qual estão inseridos jornalistas e mídia. A produção de provas auxiliares, que sustentem ou fortaleçam teses, também tem naquele território suas principais raízes. É comum ouvir jornalistas afirmarem que "os fatos falam por si", mas e os fatos sem voz, rebaixados a essa condição por serem considerados "não noticiáveis"?

Embora essa representação seja uma operação ideológica complexa, sua investigação é facilitada pelo fato, já apontado, de que a singularidade das páginas esportivas permite certo relaxamento no rigor da busca da objetividade. Diferentemente de outras profissões, nas quais a idolatria pode ser alcançada após um percurso maior na carreira ou ser estendida para além de alguns poucos anos, os jogadores de futebol estão destinados a serem transformados, pouco depois de ingressarem na idade da maturidade, em zumbis sociais: embora biologicamente vivos, a perda da identidade anterior lhes deixa sem referência social (Souto, 2000).

Numa ironia do destino, encontram-se — pelo menos teoricamente — aptos para o exercício de qualquer profissão, exceto daquela que melhor sabem exercer e de que mais gostam e da qual foram obrigados a se desligar. Numa segunda e irônica contradição, embora exibam qualidades físicas superiores à da grande maioria dos demais trabalhadores em atividade, estão excluídos de sua profissão justamente pela defasagem física, que os impossibilita de competirem com jogadores mais jovens.

Fica estabelecido, desde que ingressam nas categorias de base, que os poucos capazes de serem alçados à condição de ídolos,[23] usufruirão dessa espécie de dádiva em plena juventude e, em média, até 30/35 anos. Esse paradigma, associado à condição atlética de seus praticantes, radicaliza o mito da juventude. Palavra derivada do latim, "jovem" formou-se a partir de Jove (Júpiter), o mais poderoso dos deuses, ao qual os gregos chamavam Zeus. Tem-se, assim, que a juventude estaria associada à proteção divina.

O mito não é exclusivamente brasileiro, mas sua principal contraface em nosso país — a exclusão dos mais velhos de qualquer proteção, senão divina, ao menos social — revela muito do tipo de sociedade que aqui se constrói e é sustentada. Uma sociedade na qual a concessão de benefícios a maiores de 60 ou 65 anos, como o direito de acesso gratuito a estádios de futebol e transporte, é taxada de privilégio, e aposentados e pensionistas são apresentados pelo discurso oficial — acolhido acriticamente pela imprensa — quase como um estorvo social.

3.2 A exorcização do fantasma do mau agouro

> *Brasileiro vive de emoção e não tem emoção maior do que ser campeão. Acho que por isso que nosso povo só aceita a vitória.*
>
> *(Roberto Carlos, lateral esquerdo, então vice-campeão mundial em 1998 e vice-campeão em 1991 no Mundial de Juniores, antes da Copa de 2002, O Globo, 21/4/2002)*

---

[23] Em 1994, ano em que o Brasil tornou-se o único país a conquistar pela quarta vez a Copa do Mundo, cerca de 90% dos 16.170 jogadores registrados na Confederação Brasileira de Futebol (CBF) recebiam de um a cinco salários mínimos mensais. Apenas 3% (485 jogadores) ganhavam por mês mais de dez salários mínimos (Souto, 2000). Estatísticas posteriores confirmaram os grandes números dessa pesquisa.

As especificidades do futebol, reforçadas pelo aumento do relevo da preparação física, principalmente a partir da década de 1990, criam nas editorias de esporte, mais do que em qualquer outra, um terreno ainda mais favorável à mitificação da juventude, em contraponto a uma velhice incômoda. Aliada à valoração dos vencedores, em oposição à depreciação dos derrotados, ela funda uma espécie de paradigma do descartável.

Nesse modelo, a objetividade jornalística considera natural que ex-jogadores sejam banidos do seu noticiário ordinário ou só lá compareçam em intervalos bastante irregulares. Ao mesmo tempo, quando passam por situação vexatória, é também a imprensa que se apresenta como principal lugar para dar visibilidade à injustiça cometida contra o ex-ídolo. Tanto o esquecimento como a lembrança são construções que ajudam a referendar o poder simbólico e real da imprensa na sociedade. O que seria da sociedade sem esses arautos da justiça?

Diferentemente de seus companheiros que se queixam de serem abandonados por dirigentes e imprensa, Barbosa reclamava que não conseguia ser esquecido. De ordinário excluído do noticiário, era ressuscitado pelos jornais a cada véspera de jogo importante da seleção brasileira com a uruguaia. Tal simbolismo tornou-se tão forte que, no último treino do Brasil para a partida que decidiria a vaga para a Copa do Mundo de 1994 com o Uruguai, o então treinador da seleção, Carlos Alberto Parreira, proibiu os jogadores de terem qualquer contato com Barbosa.[24]

"Proibi mesmo. Não quero encontros com Barbosa ou qualquer outro jogador do passado. Isso não acrescenta nada", admitiu Parreira (O Globo, 17/9/1993), que mesmo nos momentos mais difíceis que antecederam a classificação da seleção ao mundial não se recusara a receber jornalistas, apesar das ácidas críticas à fraca campanha do time. Barbosa, que fora levado à concentração da Granja Comary, em Teresópolis, por uma equipe da TV inglesa BBC, não escondeu a mágoa com o tratamento que lhe fora dispensado:

> A CBF acha que eu dou azar. Mas eu também não quero vincular minha imagem à dos jogadores atuais, porque se perderem para o Uruguai vão dizer que sou um fantasma,

---

[24] Cerca de seis anos depois, Parreira negaria, no programa *Supertécnico*, então apresentado na TV Bandeirantes pelo jornalista Milton Neves, ter proibido a presença de Barbosa no treino da seleção, ressalvando que não permitira apenas fotos dele com os goleiros, com o objetivo de preservar tanto seus jogadores como o ex-goleiro. Nos dias seguintes à declaração sobre a proibição das fotos, os jornais, no entanto, não registraram qualquer desmentido do treinador.

um mau agouro — desabafou, queixando-se ainda de ser injustiçado e previu, magoado, que talvez somente tivesse seu valor reconhecido quando estiver morto (O Globo, 17/9/1993).

O episódio encerra contradições importantes no discurso dos personagens envolvidos. Parreira considera que, embora a presença de Barbosa "não represente nada", atribui-se a responsabilidade de interditar o acesso do ex-goleiro aos jogadores que iam disputar aquele mundial. Ou seja, embora supostamente desprovida de simbolismo, a visita de Barbosa provoca a mobilização de simbolismos igualmente poderosos, como o de que "o Brasil tricampeão já superou o trauma de 1950" ou ainda que "os uruguaios não causam mais medo ao Brasil tricampeão". Embora também prenhes de forte poder simbólico, tais paradigmas são insuficientes para anular o da derrota de 1950, ainda que o tratamento dos jornais, como apontado nos capítulos anteriores, permita uma reelaboração do episódio, para ressaltar que "as lições de 50 permitiram que o Brasil fosse tetracampeão".

Também Barbosa, embora negando o desejo de ter associada sua imagem à dos jogadores contemporâneos, não se escusou a visitar a concentração. É como se cada conquista da seleção, principalmente contra os adversários de 50, ajudasse a suavizar a maldição que lhe era imputada. Essa, no entanto, não é a compreensão dos jornais, que sustentam o mito da derrota de 50 como uma forma, não apenas de exorcizar o fantasma do passado, mas de valorizar os "novos Zeus".

Aqui é importante um parêntese para diferenciar os ídolos do esporte dos de outros universos, como a música e a dramaturgia, por exemplo. Os primeiros possuem características que os transformam em heróis, o que nem sempre é compartilhado pelos integrantes dos outros universos. A diferença básica reside no fato de que, no futebol, a assunção do herói depende da derrota do oponente (Helal, 2000). Quanto maior a valoração atribuída ao adversário derrotado e quanto mais profunda seja esta, mais alto o posto destinado no Olimpo ao herói. Nessa operação ideológica, os jornais cumpriram papel central, não somente atribuindo escala de valores, como, por seu discurso sintético e, não raro, reducionista, amplificando essa valoração. Assim, a glória de Ghiggia é diretamente proporcional à tragédia de Barbosa e vice-versa.

A distinção entre heróis e apenas famosos não é a única taxionomia referida ao tema. A proliferação dos *reality shows* e das revistas dedicadas aos "novos" famosos, numa época bem anterior à proliferação de influenciadores de redes sociais, já causava estranhamento em setores mais tradicionais dos jornais e a necessidade de diferenciar a fama meritória da notoriedade. Em seu filme *Celebridades*, Woody Allen recorre à fala de um personagem para sintetizar o incômodo de setores sociais importantes com a proliferação de famosos instantâneos, sentenciando: "Você conhece uma sociedade pelas celebridades que ela cria." Tal diagnóstico não é rejeitado totalmente por alguns dos responsáveis pela produção da "fama em tempo real", como o diretor de redação de *Quem Acontece*, Domingos Fraga. Ele, no entanto, apresentava razões mercadológicas para a acolhida de sua revista a pessoas fora do modelo "famoso com talento":

> No Brasil ainda existe espaço para se ficar famoso pelo talento, como as atrizes Leandra Leal e Júlia Feldens. E, entre ter um famoso recente e um consagrado, a segunda opção é melhor. Uma capa com Xuxa venderia muito mais que uma com Luciana Gimenez. Mas se formos nos restringir à categoria de Xuxa, acabamos caindo numas 20 pessoas de sempre (*Máximo*, 2000).

Para além da absolutização de conceitos de mercado, a avaliação de Fraga reforça, ainda que em outros termos, a distinção entre duas formas de fama. Dentro do campo da chamada fama meritória — ainda que a necessidade do reconhecimento desse atributo possa não ser consensual dentro e fora da academia —, inscreve-se a diferença entre os apenas famosos e os heróis. O discurso dos jornais sobre a construção da imagem dos jogadores de futebol como heróis enquadra-se no figurino dos arquétipos de heróis concebidos por pensadores como Campbell.

Para Campbell, o herói ou a heroína é alguém que descobriu ou realizou alguma coisa além do nível normal de realizações ou de experiência. No limite, o herói pode ser alguém que deu a própria vida por algo maior do que ele (Campbell, 1993). A evolução da imaturidade psicológica para a coragem de assumir a autorresponsabilidade e a confiança necessária para cumprir a tarefa que lhe foi colocada exige ressurreição e morte. Nessa construção, o motivo básico do périplo do herói seria o abandono de uma condição comum para encontrar a fonte da vida, que o conduz a uma condição mais rica e mais madura.

As provações a que os candidatos a heróis são submetidos nessa trajetória fazem parte do rito de passagem do anonimato à fama. Na caminhada para chegar ao limiar, o herói tem de abandonar o ambiente familiar, sobre o qual tem algum controle. Defronta-se, então, com duas possibilidades. O primeiro paradigma é o de Jonas, o pescador: ser engolido e levado ao abismo antes de ressuscitar.

> Precisa passar por toda uma série de provações e revelações de uma jornada de terror no mar noturno, enquanto aprende a lidar com esse poder sombrio, para finalmente emergir, rumo a uma nova vida (Campbell, 1993, p. 155).

Outra possibilidade posta ao candidato a herói, ao deparar-se com o poder das trevas, é vencê-lo e matá-lo, seguindo o exemplo de Siegfried e São Jorge quando se defrontaram com o dragão.

As provações servem para ver se o pretendente a herói pode realmente ser alguém capaz de ultrapassar os perigos, com coragem, conhecimento e capacidade que o habilitem a compartilhar seus feitos com a comunidade. Uma das principais barreiras à entronização do herói é que, por definição, ele pertence a uma categoria única e rara. Afinal, no limite, se todos fossem heróis, ninguém seria considerado como tal pelo esgotamento de parâmetros. A construção da imagem do jogador de futebol como herói pelos jornais também parte dessa busca de singularização, que tem como ritual iniciático a passagem pelo funil para ingressar num clube, no qual disputa uma vaga com dezenas ou centenas de outros candidatos ao Olimpo.

Em consonância com o paradigma da objetividade, que consagra a publicação apenas do extraordinário, o acompanhamento pelos jornais da carreira dos jogadores é irregular. Das três grandes fases fundamentais que constituem a trajetória dos ídolos — anonimato, fama e ostracismo —, em geral somente a segunda é tratada amiúde. A primeira apenas vem à luz nos jornais quando acoplada à segunda. Enquanto da última, o pouco que se sabe somente costuma tornar-se público quando o ex-astro vê-se envolvido em alguma tragédia ou outro fato inusitado.

Apenas quando a identidade pública de Moacyr Barbosa passa a ser a de Barbosa, o goleiro do Vasco, é que o *news judgement* dos jornalistas é "acionado" para reconstituir a trajetória do candidato a herói. As provações a que são submetidos os candidatos ao Olimpo também são construídas pelos jornais dentro do modelo de exemplaridade dos heróis míticos. A identidade elaborada pela imprensa para os ídolos, no entanto, nunca é um processo meramente individual, estando sempre fortemente entrelaçada pelo meio ambiente em que se desenvolve o périplo do herói.

No caso de Barbosa, é o jovem, de 22 anos, recém-chegado de São Paulo, que, depois de três a quatro anos no Vasco, torna-se titular de uma das melhores equipes do período. A adaptação ao Rio, aos companheiros, a dedicação aos treinos, o reconhecimento da torcida e dos cronistas,[25] os títulos conquistados, tudo apontava para a entronização definitiva no Olimpo até o 16 de julho.

A ser fiel ao modelo de Campbell, Barbosa foi derrotado pelo dragão uruguaio ou, talvez, não conseguiu ressuscitar após ser tragado pelo segundo gol de Ghiggia. No seu caso, à derrota em campo associou-se o forte simbolismo informado pela construção da vitória consagradora que resgataria o Brasil daqueles dias, encharcado pelo nacionalismo ainda em vigor da Era Vargas. Diferentemente do herói vitorioso no périplo que leva à troca da vida comum por uma condição mais rica e madura, a Barbosa foi destinado o arquétipo do candidato a herói que ficou no meio do caminho, que não cumpriu plenamente a trajetória que lhe permitiria compartilhar seus feitos com a comunidade nacional.

Ainda que o 16 de julho interdite sua entronização no Olimpo, Barbosa, ao continuar sua carreira vitoriosa, por mais 12 anos, tem a oportunidade de travar a batalha eterna do candidato a herói dos gramados. Para isso, precisa derrotar adversários poderosos como Leônidas da Silva, Heleno de Freitas, Ademir Menezes e Zizinho. A vitória, no entanto, será sempre incompleta. Não faltará nos jornais quem, mesmo quando reconhece seus méritos, recorde, às vezes até grosseiramente, a derrota de 1950 como obstáculo intransponível.[26]

3.3 O estigma de 1950

A vida é assim, meio ingrata: passou, passou.

(Dida, tricampeão pelo Flamengo em 1952/53/54,
O Globo, 10/2/2002)

Com o fim da carreira, no entanto, não existe mais adversário a ser derrotado, característica indispensável para constituir o herói. Ou melhor, o candidato a ser derrotado, o ostracismo, não entra em campo. A expul-

---

[25] Ver: Mário Filho *apud Manchete Esportiva* (1/2/1958).

[26] "Até que apareceu Barbosa, realmente um grande quíper, grande tremedor porém. Tremeu tanto num jogo contra os argentinos em 45 que teve de mudar o calção quando acabou o primeiro tempo", Mário Filho *apud Manchete Esportiva* (1/2/1958). A repetição das duas datas não é mera coincidência. Na mesma crônica em que reconhecia Barbosa como grande goleiro, o jornalista voltava a culpá-lo pela derrota de 1950.

são do noticiário, respaldada pela objetividade jornalística, tem como principal corolário o apartamento dos fãs. O distanciamento do campo de batalha e da possibilidade da glória ainda que — diante do fantasma do 16 de julho — capenga reflete-se no noticiário dos jornais, que passam a sintetizar sua biografia na imagem do "culpado pela derrota de 50".

Para Goffman, o estigmatizado sem intercâmbio social isola-se, torna-se desconfiado, deprimido, hostil, ansioso e confuso (Goffman, 1975). Tal perfil poderia ser contestado pelos que conviveram com Barbosa ao longo de sua vida. Seja dentro de campo, como funcionário do Maracanã, na Fundação de Garantia ao Atleta Profissional (Fugap) ou no bairro de Ramos, onde residiu durante cerca de quarenta anos, todos os amigos, vizinhos e colegas de trabalho sempre destacaram sua calma e sua educação (Souto, 2000).

Goffman (1975), no entanto, insiste em que a consciência da inferioridade significa para o estigmatizado que ele não consegue afastar o sentimento crônico do que classifica "do pior tipo de insegurança", aquele que conduz à ansiedade e "a algo ainda pior, no caso de considerar a inveja realmente pior do que a ansiedade".

> O medo de que os outros possam desrespeitá-lo por algo que ele exiba significa que ele sempre se sente inseguro em seu contato com os outros; essa insegurança surge, não de fontes misteriosas e um tanto desconhecidas como grande parte de nossas ansiedades, mas de algo que não pode determinar [...] uma deficiência quase fatal do sistema do "eu" [...] que não consegue disfarçar ou afastar uma formulação definida que diz: "Eu sou inferior, portanto as pessoas não gostarão de mim e eu não poderei sentir-me seguro com elas." (Goffman, 1975, p. 22).

Quando há uma discrepância entre a identidade social real de um indivíduo e sua identidade virtual, não é raro que aqueles considerados normais pelo senso comum percebam esse fato antes de entrarem em contato com a pessoa estigmatizada. Outra possibilidade é que essa discrepância torne-se nítida no momento em que o estigmatizado entre em contato com os normais. Ressalve-se que, mesmo para Goffman, um sociólogo fortemente inclinado a examinar as interações sob a luz dos enquadres sociais, os conceitos de normal e estigmatizado não são reificações, mas processos construídos socialmente, principalmente durante contatos mistos, apoiados em normas não cumpridas que influenciam as interações.

No caso de uma pessoa pública essa assimetria é ainda mais acentuada. A regra é que o número de pessoas que conhecem o estigmatizado, mas não são conhecidas por ele seja incomparavelmente mais numeroso que em outros universos, nos quais a identificação do problema fora do círculo com que o indivíduo interage está, a princípio, restrita às pessoas cuja ocupação é fazer identificações, como policiais e médicos.

Os indivíduos estigmatizados podem ser enquadrados em duas categorias gerais: a dos desacreditados e a dos desacreditáveis. Na primeira, encontram-se os possuidores de características facilmente identificáveis na interação, como, por exemplo, indivíduos com deformações no rosto. No segundo caso, estão os que convivem com a tensão de, a qualquer instante, terem seu estigma revelado. É o caso, por exemplo, de um coxo que chega ao restaurante quando este ainda está vazio e cujo estigma somente será revelado quando se retirar do estabelecimento. Ou ainda de um ex-goleiro, de ordinário condenado ao ostracismo, mas que, a qualquer instante, pode ser identificado na rua ou ressuscitado pela imprensa como "o culpado pela derrota de 50".

Registre-se que tais divisões não são estáticas. Um indivíduo cego que trabalhe como telefonista e use óculos escuros poderá ocultar seu estigma com muito mais facilidade do que quando, por exemplo, precisar embarcar num ônibus. Também Barbosa, enquanto permanece protegido pelos amigos em Ramos, que o mantêm à distância da curiosidade dos "chatos que não param de falar do 'frango' e daquele tal de Gigghia..." (Muylaert, 2000), corre menos riscos de ser desacreditado. No entanto, quando é impedido por Parreira de ser fotografado ao lado dos goleiros da seleção, o sentimento crônico da consciência de inferioridade recomparece.

Ao estudar pessoas estigmatizadas, Goffman constata que a convivência com algo de desacreditável no passado ou no presente varia de intensidade em função do número de pessoas sabedoras do segredo. Quanto mais numerosa a quantidade dos que conhecem o estigma do indivíduo, mais precária sua situação. Independentemente, no entanto, do número dos que sabem do seu histórico, um indivíduo desacreditável está condenado a uma vida dupla, convivendo com dois círculos distintos: o formado pelos que pensam conhecê-lo totalmente e o dos que "efetivamente" o conhecem.

No caso de uma pessoa pública tais fronteiras são extremamente tênues.[27] Mais precária é a situação de um ex-ídolo no ostracismo. Sua única possibilidade de deixar de ser um zumbi social, uma pessoa sem função social definida, é justamente afirmar outra identidade.[28] A Barbosa, no entanto, esse caminho parece interditado por contradição construída e reafirmada pela imprensa. Ao mesmo tempo em que o condenam ao ostracismo, os jornais impedem que afirme plenamente uma nova identidade, ao ressuscitar a imagem do "frango" de 1950, principalmente à véspera de cada jogo com o Uruguai.

Resta ao ex-goleiro apelar para o recurso da descontinuidade biográfica, geralmente destinado a indivíduos que, voluntária ou involuntariamente, deixam seu círculo inicial para se instalarem num lugar no qual seu passado é ignorado ou, ainda, no qual não tem a mesma simbologia. Esse processo é facilitado quando o indivíduo converte-se num personagem que não desacredita sua vida anterior e, ao mesmo tempo, o que ele foi não desacredita excessivamente aquilo em que se transformou.

Como a natureza de uma pessoa, tal como ela própria e os outros a reconhecem, é gerada pelo tipo de suas filiações grupais, a desterritorialização do estigmatizado implica novas filiações que assegurem uma identidade menos desacreditável para sua nova situação. Como observa Goffman (1975), em diferentes situações o indivíduo depara-se com diferentes exigências que o levam a questionar-se sobre qual é seu grupo "verdadeiro". Um obstáculo a mais a dificultar a estratégia de defesa do estigmatizado é que os argumentos estão inseridos numa sociedade na qual o senso comum o considera inferior. Prisioneiro dessa situação, na qual a imprensa cumpre papel decisivo, mesmo seu eventual desdém pela sociedade que o rejeita somente tem sentido dentro da concepção que aquela sociedade tem de orgulho, dignidade e independência.

Resta ao estigmatizado o recurso de buscar apoio numa cultura de natureza diferente na qual possa refugiar-se. Além do eventual alívio trazido ao indivíduo, o recolhimento do estigmatizado tem um segundo ponto "positivo". É que, dessa forma, poupa aos normais o constrangimento do incômodo da sua presença e das lembranças recorrentes que ela traz.

---

[27] Sobre vida dupla vide Coelho (1999), a respeito do marido da atriz que confundia a mulher com a personagem vivida por ela na novela.

[28] Para um estudo sobre como ex-jogadores procuram manter-se próximos ao universo do futebol quando se aposentam, como treinadores, empresários etc., vide Souto (2000).

Ao ser expulso da concentração brasileira, Barbosa, além de anunciar que não assistiria ao jogo com o Uruguai, em 19 de setembro de 1993, dia em que Romário brilharia no Maracanã, ajudando a garantir a classificação do Brasil para a Copa do Mundo, com a vitória de 2 a 0 sobre a celeste, decidiu abandonar o Rio e se "exilar" em Santos, no litoral paulista.

Foi um Barbosa cheio de mágoas, choroso e cabisbaixo que, às 5h47min, deixou a Rua Cardoso de Morais, em Ramos, bairro onde morara durante cerca de 40 anos. Era como se fosse um personagem que fora mantido sufocado durante 43 anos e naquele instante aflorara sem que o corpo que o abrigava conseguisse contê-lo. O veterano ex-goleiro, enfim, baixava a guarda. Parecia que, finalmente, tomava consciência do estigma de que não seria nunca dono da própria imagem.

Por ironia do destino, partiu do principal responsável pela releitura de sua imagem pública uma das solitárias manifestações de solidariedade a Barbosa naquele momento difícil. Ghiggia, que se tornara seu amigo, convidou-o para um café da manhã, em Copacabana, num desagravo ao ex-goleiro, e protestou com veemência contra o tratamento que lhe fora dispensado por Parreira: "Ele jamais poderia ter sofrido essa decepção. Se não há memória, pelo menos que haja respeito", desabafou em entrevista a *O Dia*, publicada em 20 de setembro de 1993. Barbosa, no entanto, recusou o convite do uruguaio, como também não aceitou nenhuma das muitas propostas de vizinhos e amigos que lhe ofereceram hospedagem para sua última noite no Rio. Optou por dormir, entre anzóis, varas de pescar e puçás, no chão da loja de artigos de pesca do amigo Cleber Bairral.

O incidente na concentração da Granja Comary foi a gota d'água para uma decisão que Barbosa amadurecia desde que, três anos antes, fora impedido de entrar em São Januário. A tensão entre sua autoestima e a imagem pública que lhe era imposta o levaram a desabafar anos depois, em entrevista ao *Telejornal Brasil*, do SBT, em 30 de outubro de 1997: "Aqui neste país, a condenação máxima de um criminoso é de 30 anos. Eles estão me cobrando há 47 anos."

As razões da partida do antigo ídolo e a maneira como ela se deu comoveram e revoltaram os poucos torcedores que tomaram conhecimento do fato. "Foi covardia", "safadeza", "não vi jogar, mas, segundo o meu pai, foi o maior goleiro do Brasil". Foram algumas das expressões de solidariedade tardia colhidas por *O Dia*, ao noticiar a decisão de Barbosa. A imensa maioria da imprensa e da torcida, no entanto, ignorou-o durante seu período de exílio voluntário no litoral de São Paulo, que durou quase quatro anos.

Ao se recolher a uma modesta casa no litoral paulista, Barbosa poupava os normais da vergonha de conviver com o "responsável pela derrota de 50"; ao mesmo tempo, parecia, finalmente, aceitar um eu para si mesmo que lhe era imposto pelos normais. No entanto, como observa Goffman, esse eu será sempre "um habitante estranho, uma voz do grupo que fala por e através dele" (Goffman, 1975).

Tal, porém, não é a principal distinção entre estigmatizados e normais. Afinal, todos falamos a partir do ponto de visto de algum(ns) grupo(s). A situação especial do estigmatizado é que, ao mesmo tempo que lhe diz ser membro de um grupo mais amplo, ou seja, um ser humano normal, a sociedade o faz lembrar a cada instante que ele também, em alguma medida, é diferente e seria absurdo negar tal diferença. Como ex-jogador, Barbosa é uma pessoa normal — ressalvada a situação excepcional destinada a todos os ex-ídolos — destinada ao esquecimento dos jornais e dos torcedores. No entanto, pelo "frango" de 50 também é, em certa medida, diferente. Essa sua síntese na imprensa somente estará sujeita a novas representações se novas dinâmicas sociais permitirem reelaborações da sua imagem.

Dentro do paradigma da objetividade que informa a imprensa, não é difícil sustentar, por exemplo, que um ex-jogador de futebol não é mais notícia, exceto quando fizer algo de excepcional, como roubar, conquistar um mandato eletivo, ter sua condição miserável publicamente exposta etc. Assim, no dia 11 de junho de 1997, o ex-goleiro passa a merecer nova representação na imprensa, quando o *Jornal do Brasil* noticia: "Barbosa pede socorro aos amigos — Com R$ 86 por mês, ex-goleiro está morando de favor."

Viúvo havia pouco mais de duas semanas, com 76 anos, e recebendo apenas R$ 127 de aposentadoria, que líquidos resultavam em R$ 86, Barbosa, depois de ser "o melhor goleiro do Brasil" e "o responsável pela derrota de 50", passou a viver um terceiro personagem: "o do abandonado em busca de socorro". Pela primeira vez, o ex-goleiro não teve pudor de clamar por ajuda. O pedido, no entanto, não escondia o ressentimento contra dirigentes de futebol e novos ídolos que "jogam um pouquinho e ganham um montão" (O Globo, 16/8/1998).

A reaparição deflagrou um movimento de "compaixão reparatória" pelo ex-goleiro, inclusive no Vasco, seu ex-clube, que passa a arcar com algumas de suas despesas, como o aluguel da casa em que vivia em Santos, embora o pedido de Barbosa por um jogo de despedida oficial tenha ficado sem resposta. Com a exposição de seu caso nos jornais, amigos paulistas passam a lhe garantir como cortesia suas inseparáveis batidas de cachaça com limão numa praia de Santos.

O novo personagem encarnado redefiniu o papel de Barbosa na imprensa. Agora, na pauta dos jornais, ele não era apenas "o responsável pela derrota de 50". Foi transformado também em presença obrigatória nas reportagens sobre o ocaso dos craques, como em *O Globo*, do dia 16 de março de 1998, que o incluiu na matéria "Ostracismo, a dura realidade dos ex-ídolos — Joel e Barbosa vivem no esquecimento o drama de quem já teve tudo e acabou sozinho".

Nessa operação, os jornais ajudam a construir três identidades distintas para Barbosa: "o melhor goleiro do Brasil", antes do "frango"; "o responsável pela derrota de 50"; e "o do abandonado em busca de socorro", após a notícia do *Jornal do Brasil*. O novo discurso polissêmico da imprensa também se insere na operação ideológica descrita anteriormente de que a reatualização e a reelaboração da memória sobre os jogadores do passado estimula e fortalece a idolatria dos craques atuais, garantindo aos "juve" as raízes de que ainda carecem os heróis que ainda não completaram o périplo até o Olimpo. A operação reparatória será radicalizada quando da morte do ex-goleiro, pouco antes de a derrota de 1950 completar 50 anos, quando a imprensa lhe destinará um quarto papel, como se examinará no próximo capítulo.

CAPÍTULO IV

O RITUAL DA MORTE NOS JORNAIS

Venceu a pena dele. Ele foi condenado por um crime que não era dele.

(Juca Kfouri, no programa Bola na Rede, da RedeTV!, 9/4/2000)

"Morre Barbosa, goleiro que o país crucificou na Copa de 50 — Ex-jogador, que se dizia condenado pelos homens, será enterrado hoje." Assim, *O Globo* noticiou, em 8 de abril de 2000, a morte do ex-goleiro. Aos 79 anos, Barbosa faleceu, às 22h30min de uma sexta-feira, em Santos, na Santa Casa de Misericórdia, onde fora internado dois dias antes em consequência de um derrame cerebral. O tratamento destinado à morte de Barbosa pelo jornal inaugura uma quarta identidade atribuída pela imprensa ao ex-goleiro.

Depois de "o melhor goleiro do Brasil"; "o responsável pela derrota de 50" e "o abandonado em busca de socorro", Barbosa torna-se "o injustiçado", o filho ao qual a nação devia uma ação reparatória. No texto da matéria, *O Globo* relembra o desabafo repetido inúmeras vezes pelo ex-goleiro de que somente seria absolvido pela "justiça divina", porque, "pela dos homens, serei um eterno condenado". Pela primeira vez, em seu noticiário, o jornal afirma ser ele considerado "injustamente culpado pelo gol de Gigghia que deu a vitória à seleção do Uruguai, na Copa de 1950, no Maracanã".

O mesmo jornal, em 17 de julho de 1950, afirmara que, além de pecar pelo "excesso de preciosismo", o time nacional pecara "pelas falhas de Bigode e Barbosa no gol da vitória uruguaia". "Em todos os lares do país estava sendo preparada a comemoração da vitória, mas as falhas de Bigode e Barbosa estragaram todo o programa. A festa nacional ficou adiada sine die..."

Como já visto, a elaboração da memória, operação na qual os jornais exercem papel-chave, é processo dinâmico e integrado a contextos sociais determinados. Não é de admirar, portanto, que a mesma imprensa que culpabilizara Barbosa e Bigode por abortarem a vitória do Brasil, 50 anos depois, quando a conquista de quatro copas mundiais afasta o risco de a festa nacional ser eternamente adiada, reavalie o papel do ex-goleiro na história do futebol brasileiro. Como senhores da memória, os jornais se autoconcedem o direito de desconsiderar a necessidade de explicar a mudança de conceitos, bem como mostram-se ciosos do papel de resgatar a dívida da sociedade com o ex-ídolo e reparar, ainda que parcialmente, injustiças contra ele cometidas, mesmo que, entre estas, incluam-se as praticadas por eles próprios.

A reconstrução de papéis para Barbosa insere-se na narrativa construída pelos jornais brasileiros, que busca evitar aspectos conflitivos, tendendo a naturalizar fenômenos sociais e a ladear suas gêneses. A regra é que injustiças sejam atos pessoais, de elementos desviantes, ou surjam no noticiário como coisas dadas, não raro atribuídas a fatores sobre os quais os homens detêm pouco ou nenhum controle, como "o destino" ou "a má sorte". Em consonância com a pregação do estilo individualista de sociedade que defendem, em detrimento de uma visão coletiva e/ou comunitária, a cobertura jornalística do esporte, em geral, sintetiza em um ou poucos indivíduos a glória ou a tragédia de um jogo de um esporte, por natureza, coletivo.

Embora possa soar esquizofrênica, a mudança de 180 graus em relação a Barbosa também guarda relação com os paradigmas que fundam o discurso da objetividade. Apresentada como neutra e despida de floreios, a objetividade, como visto no capítulo anterior, é, na verdade, uma construção social. Se muda o contexto, muda a objetividade. O que era objetivo nos anos 50, fortemente encharcados pelo nacionalismo da era Vargas e pela interface entre futebol e afirmação nacional, deixa de sê-lo — ou pelo menos tem revisitado muitos de seus componentes — depois de o futebol cumprir com êxito o papel de ser transformado numa das principais e mais fortes marcas do Brasil aqui e no exterior.

Reelaborar a memória do passado não significa uma ruptura que implique estancar o período anterior, sem manutenção de laços com acontecimentos pretéritos ainda prenhes de forte simbolismo. É importante observar ainda que essa revisão mantém restrições que revelam sanções implícitas a falhas do passado. A cobertura da morte de Barbosa recebeu espaço bem menos generoso do que o destinado à de Zizinho, quase dois anos depois, em 8 de fevereiro de 2002, contemplado com três páginas na Editoria de Esportes, revelando implicações que serão analisadas mais adiante.[29]

Publicada na mesma editoria, a notícia do falecimento de Barbosa, no entanto, ficou subordinada ao cabeçalho "Obituário", normalmente restrito à editoria Rio. Além dessa mistura de territórios, a autoria da matéria é mais uma pista de que o jornal não tratou a morte do ex-goleiro como assunto de interesse restrito ao leitor de Esportes. Produzido a quatro mãos, o noticiário, além de assinado por um jornalista da editoria de Esportes, Antônio Roberto Arruda, é firmado por João Máximo, à época uma espécie de coringa do jornal para assuntos culturais.

A superposição de sentidos reflete as quatro identidades construídas pela imprensa para Barbosa, revelando que as contradições delas decorrentes não foram resolvidas nem com a sua morte. Elas estão expostas na cobertura destinada por diferentes veículos de comunicação ao falecimento do ex-goleiro. Em *O Globo*, além de metade da página interna, recebeu chamada na primeira página, também encabeçada pelo selo "Obituário": "Morre Barbosa, o goleiro da seleção na Copa de 50."

No *Jornal do Brasil*, também teve direito a chamada na primeira página e título quase neutro na editoria de Esportes: "Barbosa morre aos 79 anos em Praia Grande." Logo na abertura, a matéria lembra que ele fora goleiro do Vasco e "da Seleção Brasileira na Copa de 1950". O texto resgata o discurso polissêmico sobre o ex-goleiro, que fora abandonado com a retirada dele dos gramados. Ao mesmo tempo em que elenca todas as suas conquistas na carreira e afirma ter sido o jogador que "mais títulos conquistou pelo Vasco", o texto lembra quase envergonhadamente, no pé da matéria — e não no *lead*, como recorrente depois da aposentadoria e antes da morte —, que Barbosa "ficou marcado por ter levado o segundo gol que deu à vitória ao Uruguai, em pleno Maracanã, por 2 x 1" (grifo nosso). "O gol marcado pelo atacante Gigghia calou o Maracanã", acrescenta o *JB*.

---

[29] É importante destacar que Zizinho morreu durante o carnaval, período em que, em geral, as editorias de esporte têm poucos assuntos para ocupar suas páginas. Tal ressalva e o fato de ele ser considerado até o surgimento de Pelé o maior ídolo do futebol brasileiro não impedem a observação do contraste entre o tratamento destinado pelos jornais às duas mortes, como se analisará mais detidamente mais adiante. Embora, em ambos os casos, a imprensa não tenha deixado de associá-los à derrota de 1950, no caso de Barbosa esse processo adquire um caráter maior de estigma, apesar de, então, ser suavizado pela necessidade reparatória instaurada pelo luto.

O Dia limitou-se a um registro formal sobre a morte do ex-goleiro, mas no *Jornal dos Sports* ela foi noticiada no canto superior esquerdo da primeira página sob o título "Morre Barbosa, aos 79 anos". Na chamada da primeira página, apenas a lembrança, como a localizar o leitor menos informado ou mais distraído de que ele fora goleiro do Vasco e da seleção brasileira na Copa de 1950. Na página interna, novamente a atribuição da mesma identidade ao personagem: "Goleiro da Copa de 50 morre aos 79 anos."

Depois de uma historiografia sobre a carreira do ex-jogador e de apresentá-lo como "um dos maiores goleiros da história do futebol brasileiro", o *Jornal dos Sports* lembrava, porém, que ele "acabou ficando marcado como o principal responsável pela perda da Copa de 50". "Por anos, Barbosa teve de carregar o peso das críticas pelo segundo gol de Gigghia, no qual ele teria falhado." Mas afinal: falhou ou não falhou? Lembremos que o principal tribuno do *JS* na Copa de 1950 era o mesmo Mario Filho, que, como visto no capítulo anterior, acusara, até grosseiramente, o goleiro de "tremer" contra os uruguaios.

Na primeira página do diário *Lance!*, a principal identidade atribuída a Barbosa é a "do goleiro da Copa de 50". O título da matéria que ocupa toda a página 14, no entanto, deixa claro que, longe de neutra, tal síntese era metonímia de tragédia. Sob o título, "Marcado pelo drama", o jornal lembra que o ex-goleiro do Vasco e da seleção "ficou estigmatizado pela tragédia da decisão da Copa do Mundo de 1950, o inesquecível 'Maracanazo'".

O resgate da expressão adotada pelos uruguaios para referirem-se à conquista histórica no então maior estádio do mundo reforça o discurso do mito do herói construído pelos jornais para os jogadores de futebol, no qual, para permanecer no topo, é preciso derrotar a cada instante um adversário poderoso. Na mesma matéria, o jornal, depois de lembrar que Barbosa era considerado "por muitos o melhor goleiro da história do futebol brasileiro", acrescenta que ele ficou marcado "para o resto da vida" pelo gol de Ghiggia. E sintetiza: "Nenhum outro jogador brasileiro personificou tanto os extremos do futebol em que o herói da véspera é o vilão do dia seguinte."

O resgate dessa dialética durante o ritual da morte do ex-goleiro põe em evidência dois dos principais pilares que constituem os jornais como senhores da memória: o lembrar e o esquecer. Ao se outorgarem esse direito, os jornais passam a enfeixar poder fundamental no processo de constituição e reelaboração da memória da sociedade brasileira, com todas as implicações políticas, econômicas e ideológicas decorrentes e que realimentam esse papel.

Ressalve-se, no entanto, não ser esse um poder absoluto que paire acima ou independa do contexto social. O "apagamento" do movimento das Diretas Já da *TV Globo*, numa época em que a emissora detinha poder quase monopolista, não impediu que milhões de pessoas fossem às ruas de todo o Brasil. Ao mesmo tempo, é impossível ignorar o potencial que poderia ser agregado ao movimento, caso recebesse da emissora do Jardim Botânico a cobertura devida à sua importância. Em sentido inverso, não poucas tentativas dos meios de comunicação de transformar em catarses nacionais eventos de seu interesse comercial, político ou econômico, ignorando nuanças e contradições sociais, resultaram em fracassos retumbantes.[30]

Essas ressalvas apontam que a complexidade de interesses que moldam uma sociedade heterogênea como a brasileira exige da imprensa a construção e a reelaboração permanente de mecanismos que deem conta de mantê-la em sintonia com seus leitores. A objetividade, tal como analisada no capítulo anterior, mostra-se uma ferramenta e uma aliada eficiente para ajudar o jornalismo a cumprir tal papel.

Embora esta pesquisa concentre-se na análise dos jornais brasileiros, é importante registrar o comportamento dos três principais telejornais brasileiros em relação à morte de Barbosa. Com base principal em São Paulo, onde o ex-goleiro faleceu, o *Jornal da Record* e o *Jornal da Band* cobriram o evento, adotando o mesmo modelo dos jornais, apresentando Barbosa como um grande goleiro que tivera a carreira abalada por ter sido considerado culpado pelo gol de Ghiggia. Enquanto o telejornal da TV Record inseriu a matéria no meio do noticiário, o da Bandeirantes, reproduzindo ritual destinado a homenagear mortos ilustres, encerrou o jornal com a reportagem sobre a morte de Barbosa. Em ambos os casos, entre as imagens do ex-goleiro exibidas, foram incluídas a do segundo gol uruguaio.

---

[30] Amplamente apoiado, durante cerca de uma semana, por todos os principais órgãos de comunicação do país, O Dia da Paz, organizado pela organização não governamental Viva Rio, reuniu cerca de 100 mil pessoas no Rio, segundo estimativa da própria imprensa, apenas 10% da multidão presente ao último comício das Diretas Já, no Rio, em 1984. Em São Paulo, o comparecimento foi ainda menos expressivo: apenas cerca de cinco mil pessoas participaram do ato no Centro da cidade (O Globo, 8/7/2000).

Já o *Jornal Nacional* optou pela "não notícia". O silêncio do principal telejornal da televisão brasileiro encontra correspondência na lembrança, acionada quase em tempo real pela mesma emissora, logo após a derrota do Brasil por 3 a 0 para a França, na final da Copa de 1998, para destacar que o Brasil continuava a ser o único país a encerrar o século XX como tetracampeão mundial de futebol.

Esse nacionalismo extremado vindo de uma emissora que tem cumprido papel-chave na desqualificação dos críticos do desmonte da Era Vargas e da adoção de políticas neoliberais revela contradições curiosas. Entre outras, que, apesar da pregação do fim das identidades nacionais, é nesse território que seus detratores vão se refugiar quando se veem diante da necessidade de aplacar o sofrimento da sociedade. Os dois episódios revelam também como a lógica da objetividade se referencia "aos derrotados". É curioso observar que, embora de matizes opostas, tal construção aproxima-se do paradigma da unidade nacional que funda a Era Vargas. Ainda que por motivos diversos, ambos os modelos parecem destinar pouco espaço aos que não estão à altura do projeto nacional, seja ele autônomo ou de corte neocolonial.

Apesar da tensão que marca sua relação com os chamados derrotados, nenhum dos meios de comunicação destinou a Barbosa o epitáfio de "o culpado pela derrota de 1950". Seja pelo silêncio — ainda que este possa ser identificado como uma condenação indireta —, por ressalvas ou nuanças que constituíram um obituário mais complexo que a identidade una que lhe era atribuída após a aposentadoria, a imprensa optou por um caráter reparador ou suavizador ao noticiar a morte do ex-goleiro.

4.1 A suavização da culpa

> *Deus absolveu Barbosa da dura pena*
> *que lhe foi imposta pela maioria dos conterrâneos.*

> (Ghiggia, Extra, 11/4/2000)

Parte desse comportamento da imprensa pode ser atribuída à relação guardada com a morte pela sociedade brasileira. O tratamento, ao menos respeitoso, destinado aos mortos costuma ser adotado até por desafetos, que, nessas horas, optam pelo silêncio ou por condolências ainda que protocolares. Todo esse ritual reforça e reafirma antigas crenças integracionistas e sobre o grau de tolerância que permearia a sociedade brasileira, pelo menos até o surgimento da polarização extremada que começa a se insinuar a partir de 2015. A imprensa cumpre importante papel nesse rito de passagem — marcado por tabus, como o pudor à simples menção da morte ou a fábula de que "se partiu desta para uma melhor" —, que vai muito além do registro, que muitas vezes se torna documento relevante. Ao informar sobre a trajetória do morto, os jornais condensavam sua historiografia; elegiam aspectos mais relevantes, em detrimento de outros a serem esquecidos ou secundarizados; resgatavam qualidades esmaecidas. Ou seja, recorrendo ao poder da palavra escrita, reelaboravam, num ambiente marcado por forte simbolismo, nova identidade para o falecido.

No caso de ex-ídolos, como ex-jogadores de futebol, tal reelaboração cumpre função adicional: reafirmar e renovar valores que, na sociedade brasileira, misturam-se ao sagrado. Em não poucos casos, trata-se de desfazer simbolicamente injustiças que conduziram a um destino trágico, celebrando tradições e interesses do mundo do futebol.[31]

Essa é uma operação ideológica delicada que envolve tensões importantes entre a necessidade de reparação de injustiças cometidas contra o ex-ídolo, sem que, no entanto, necessariamente impliquem estímulo ao "espírito derrotista". É preciso reelaborar uma nova identidade para o ídolo, cuja representação anterior como "derrotado" o desqualificava para a deificação dedicada aos verdadeiros heróis. Isso deve se dar, porém, sem que a culpabilização experimentada em vida venha a macular o ritual de construção dos mitos do futebol, processo que tem na continuidade da linhagem dos grandes heróis um dos seus principais fatores constituintes.

Tal tensão marca toda a cobertura da imprensa da morte de Barbosa. Se no registro do falecimento os jornais optam pela absolvição ou pela suavização da culpa pela derrota, no momento imediatamente anterior, no curto intervalo entre o adoecimento do ex-goleiro e o desenlace com a sua morte, o escasso espaço dedicado pelos jornais reforça o distanciamento destinado "aos derrotados".

Internado na Unidade de Tratamento Intensivo (UTI) da Santa Casa de Praia Grande, em Santos, no dia 5 de abril de 2000, depois de sofrer uma isquemia cerebral, Barbosa faleceu dois dias depois, aos 79 anos, completados no dia 27 de março. Durante esses dois dias, a cobertura

---

[31] Vide, por exemplo, um estudo sobre o ritual da morte de Garrincha (Lopes; Maresca, 1992).

dos então principais jornais do Rio, *O Globo* e *Jornal do Brasil*, sobre sua agonia foi extremamente tímida.

Na edição do dia 6, em que anunciou a internação do ex-goleiro, *O Globo* optou por um *soutien* — recurso jornalístico para complementar a informação do título — para vincular a notícia ao noticiário ordinário sobre o Vasco da Gama: "Ex-goleiro Barbosa, de 79 anos, sofre isquemia cerebral." Em cima o título anunciava: "Vasco pode ter Júnior Baiano contra Botafogo." Coerente com o título, a matéria dedicava o *lead* e a primeira metade dos 26 centímetros do texto à partida que o clube faria no domingo contra o Botafogo, no Maracanã.

Encabeçando os 13 centímetros finais, o entretítulo "Barbosa está internado na UTI em Praia Grande" era seguido de um texto, em que o prenome do ex-goleiro era grafado com "i" e cuja abertura informava que "Moacir [*sic*] Barbosa, ex-goleiro do Vasco e da seleção brasileira, de 79 anos, sofreu uma isquemia cerebral ontem, em Praia Grande, litoral paulista. Ele está internado na UTI [...] e seu estado é grave". A principal fonte da matéria é Teresa Borba, apresentada no texto como "filha adotiva de Barbosa". Essa informação passará por uma reelaboração, como se verá mais adiante, ao se reproduzir o noticiário sobre o enterro, quando Teresa é transformada pelo jornal, de adotada, em uma espécie de "tutora" de Barbosa.

A matéria informa ainda que, sem plano de saúde, Barbosa teria as despesas pagas pelo Vasco. Em seguida, uma informação que teria versão diferente no *JB*. Enquanto *O Globo* sustenta que a intenção dos dirigentes vascaínos de transferirem Barbosa para a Beneficência Portuguesa, também em Santos, não se efetivara devido aos riscos que o delicado estado de saúde do paciente implicava, o *JB* acrescenta a esse motivo o fato de a Beneficência não aceitar pedido desse tipo de transferência por fax.

Com dez centímetros e coluna falsa (quase uma coluna e meia) e ilustrada por uma foto de arquivo do ex-goleiro, a matéria do *Jornal do Brasil* é totalmente dedicada a Barbosa. Já no título, o jornal revela que sua principal fonte é o seu ex-clube: "Vasco tenta ajudar Barbosa que sofre derrame." Apesar do escasso espaço dedicado à doença do ex-ídolo, os dois jornais iniciam, já no processo do pré-anúncio da morte, uma reelaboração da identidade de Barbosa.

Logo na abertura da matéria, o *JB* avisa o leitor que está diante de personagem importante: "Uma das maiores glórias do Vasco da Gama está passando, hoje, por uma situação difícil". Antes mesmo de anunciar a doença, o jornal apresenta Barbosa como "titular da Seleção Brasileira na Copa de 1950 e do Vasco nos áureos tempos do Expresso da Vitória, nos anos 40 e 50". Depois de informar sobre os esforços do Vasco — "que sempre ajudou o ex-atleta" — para tentar sua transferência para um hospital com mais recursos, o jornal encerra o texto, afirmando: "considerado por muitos o maior goleiro brasileiro, conquistou no Vasco, entre outros títulos, o Sul-Americano de 1948, além de ter ajudado o Brasil a chegar à final da Copa de 1950, quando a Seleção acabou derrotada pelo Uruguai por 2 a 1"[32] (grifo nosso).

Note-se que o mesmo jornal que, dois dias depois, destinaria a Barbosa uma condenação, ainda que envergonhada — "[...] ficou marcado por ter levado o segundo gol que deu à vitória ao Uruguai, em pleno Maracanã, por 2 x 1" —, no pré-ritual da morte transforma a ida à "final" num motivo de orgulho. Pela primeira vez, o ex-goleiro tem reconhecido seu papel, de forma positiva, na campanha de 1950. O reconhecimento, no entanto, não avança a ponto de explicitar a comemoração do vice-campeonato obtido por Barbosa e seus companheiros.[33]

No artigo de *O Globo*, o episódio sobre o "frango" é apagado. Barbosa tem sua carreira resumida, no pé da matéria, a quatro escassas linhas, nas quais o jornal lembra que ele foi "o goleiro do Brasil na Copa de 50 e jogou no histórico Expresso da Vitória vascaíno, nos anos 40".

No dia seguinte, os jornais tornam ainda mais econômico o acompanhamento sobre a doença de Barbosa. *O Globo* resume o noticiário à sua seção de notas na editoria de Esportes, informando que ele sofreu uma parada cardiorrespiratória, tendo sido reanimado pelos médicos, "mas continua em coma".

A cobertura destinada ao enterro de Barbosa, no dia 8 de dezembro, não diferenciou muito do espaço oferecido ao acompanhamento da doença. Na edição do dia seguinte, *O Globo* recorreu a uma foto da *Tribuna de Santos* para ilustrar a matéria. A legenda da fotografia — que expõe uma capela quase vazia —, melhor do que o próprio título, parecia justificar

---

[32] Como já explicado, não houve uma final, e sim um quadrangular, cujo último jogo acabou sendo o decisivo.

[33] Por ironia, o Vasco da Gama ficou estigmatizado por torcedores adversários pela fama de vice-campeão devido a seis segundos lugares no Campeonato Estadual do Rio de Janeiro nos anos 80 e 90 (1980, 1981, 1986, 1990, 1996, 1997). Depois de superado por outras conquistas do clube, o estigma foi reforçado por mais três vices (1999, 2000 e 2001), também no Campeonato do Rio de Janeiro.

o escasso interesse jornalístico despertado pelo tema: "Alguns amigos e poucos companheiros, no velório de Barbosa".

Se a legenda falava da solidão a que fora destinado o ex-goleiro, o título e o *soutien* localizavam sua importância histórica, para explicar a razão da matéria: "Barbosa, goleiro da Copa de 50, enterrado ontem — Emocionado, ex-adversário diz que ele foi o maior jogador do mundo na posição." Um dia depois de, no noticiário em que anunciara a morte de Barbosa, sentenciar que ele fora "injustamente culpado pelo gol de Gigghia", o jornal não fez um único juízo de valor sobre o papel do ex-goleiro no 16 de julho.

Excluída a referência no *lead* à condição de "ex-goleiro da seleção brasileira e do Vasco na década de 50", o obituário de Barbosa é uma viagem no túnel do tempo, na qual a final com o Uruguai é transformada num não fato. Depois de informar que Barbosa morreu de insuficiência respiratória aguda e seu corpo foi enterrado no Cemitério Morada da Grande Planície, em Praia Grande, o jornal afirma que o velório e o enterro foram acompanhados por "alguns amigos e poucos companheiros". O único companheiro citado, no entanto, é o ex-lateral do Corinthians Idário, contemporâneo de Barbosa e contra o qual jogara nos torneios Rio-São Paulo, mas desconhecido das novas gerações.

Numa única e solitária homenagem ao personagem, *O Globo* diz que, emocionado, Idário afirmou que Barbosa "foi o maior goleiro do mundo e que ninguém ocupa a posição de goleiro da seleção durante oito anos por acaso". No fim, sem a referência ao 16 de julho, Barbosa é reduzido a um integrante de uma comunidade remota, na qual morava há quase sete anos, passava "por dificuldades financeiras", "fazia trabalhos esporádicos" e "era chamado para palestras em escolas da região".

Depois de lembrar que, há dois anos, Barbosa recebia uma ajuda mensal do Vasco, o jornal, que, três dias antes, informara que ele estava aos cuidados da "filha adotiva" Teresa Borba, esclarece, sem admitir o erro anterior, que, na verdade, esta era uma amiga que também o auxiliava e à qual "considerava como a uma filha".

Na ausência de personalidades públicas presentes ao enterro ou mobilizadas pelo jornal para testemunharem sobre a carreira do ex-goleiro, cabe a Teresa e Roberto Nappi, este presidente do Clube Atlético Ipiranga-SP, no qual Barbosa começara sua carreira como profissional de futebol, a responsabilidade pela revelação da identidade derradeira do ex-atleta, desconhecida pelo público externo. Segundo Teresa, "ele tinha uma vida pacata e feliz em Praia Grande" (grifo nosso), enquanto para Nappi "ele se confunde com a própria história do Ipiranga".

O *Jornal do Brasil* apresenta *causa mortis* diferente da informada por *O Globo*. Segundo o *JB*, ele morreu devido a um derrame cerebral. A diferença de diagnóstico não é a única entre as duas matérias. Enquanto a primeira cita como fontes participantes do enterro, a segunda, excluída a informação sobre o local onde o corpo de Barbosa foi enterrado, é um resumo da carreira de Barbosa, parecendo ter sido produzida na redação da sucursal do jornal em São Paulo.

No segundo parágrafo, o jornal não foge de entrar na polêmica sobre a Copa de 1950. Coerente com a notícia sobre o anúncio da morte, destaca: "Barbosa ganhou o estigma do grande culpado pela derrota do Brasil, na final da Copa de 50, contra o Uruguai." E lembra a frase repetida por ele, 12 dias antes, na comemoração do seu aniversário: "A lei brasileira não permite que alguém cumpra mais de 30 anos de pena. Só que a minha prisão já dura 50 anos."

Já o *JB*, para marcar a despedida de Barbosa, mobiliza um dos oráculos da casa, o comentarista esportivo Armando Nogueira, para fazer um contraponto ao paradigma do "frango". Segundo Nogueira, conforme citado pelo jornal, Barbosa "era a criatura mais injustiçada na história do futebol". Para ele, "Barbosa era um goleiro magistral", que "fazia milagres, desviando de mão trocada bolas envenenadas", acrescenta a matéria, encerrando o depoimento de Nogueira.

O maior espaço concedido ao enterro de Barbosa pelo *JB* em comparação a *O Globo* tem, para além de aspectos editoriais e características dos leitores de ambos, questão particularmente cara à imprensa. Como o jornal faz questão de lembrar nos dois últimos parágrafos, "em junho de 1997, o ex-goleiro foi encontrado pelo JORNAL do BRASIL, morando de favor em um quarto com banheiro, no fundo da casa de um casal de amigos" e sobrevivendo com R$ 86 de aposentadoria. Após ler a reportagem, o Vasco começou a pagar uma mesada, de R$ 2.000,00 ao ex-goleiro" (grifos nossos).

A lembrança sobre o papel desempenhado pelo *JB* não revela apenas a influência exercida pela imprensa sobre os diferentes atores sociais, mas também o zelo dedicado pelos jornais à importância dessa função auto-outorgada por eles. Ambos os aspectos complementam-se e fortalecem-se mutuamente. Reforçada pela valoração da palavra escrita, essa operação reafirma e reatualiza o papel de senhores da memória reivindicado pelos jornais.

Tal papel parecia tão naturalizado que a imprensa podia desenvolver, sem se obrigar a qualquer escusa particular, identidades distintas e contraditórias para o mesmo personagem: "culpado pela derrota de 50"; "uma das carreiras mais brilhantes de um jogador de futebol" — esta quando de sua despedida dos gramados —; novamente "o culpado pela derrota"; "abandonado em busca de socorro" e "sinônimo de ostracismo", depois de encontrá-lo morando de favor.

4.2 Os vazamentos da objetividade

Pouco menos de dois anos após o futebol brasileiro viver a sua tarde mais triste — quando perdemos, dentro do nosso Estádio Municipal, a final da Copa do Mundo — o povo vive a expectativa quanto ao jogo de hoje à noite, o primeiro entre Brasil e Uruguai desde julho de 1950.

(O Globo, 16/4/1952)

A cobertura do pré-ritual da morte mostra vulnerabilidades importantes no paradigma da objetividade que funda o jornalismo da era do *lead*. "Como todo mundo sabe", a imprensa só considera passível de notícia fatos excepcionais. Um cachorro que morde um homem só é notícia pela importância da vítima ou pelo grau de ferocidade do bicho, mas o homem que morde o cachorro é uma das mais emblemáticas definições que qualquer jornalista, iniciante ou veterano, tem de notícia. No entanto, como justificar, à luz do paradigma da objetividade o escasso espaço destinado a "uma das maiores glórias do Vasco"?

Pela ótica dos meios de comunicação, apenas um número finito de coisas "acontece realmente", cabendo-lhes selecionar os mais noticiáveis (Lester; Molotch, 1993). A tarefa dos meios de comunicação seria verificar o valor de uma história. Nesse processo, a objetividade é uma das principais unidades de medida. Embora todo mundo precise, em maior ou menor grau, de notícias e, no cotidiano, todos possamos, de alguma maneira, sermos produtores de notícias, uma diferença fundamental entre os não profissionais e os profissionais da notícia é o efeito multiplicador social do trabalho destes últimos, incomparavelmente maior do que o produzido pelos que criam notícias para eles próprios e os mais próximos deles.

As notícias seriam o resultado de uma tríplice combinação: a necessidade de as pessoas conhecerem o inobservado, a capacidade de informar os outros e o trabalho de produção dos meios de comunicação. O fato de algo "ter realmente acontecido" pode, dependendo de seu grau de importância, elevá-lo à condição do que os dois pesquisadores classificam de referência temporal que ordena o passado e o futuro. Passado e futuro que são construídos e reconstruídos num processo contínuo de rotinas diárias. Tal conceito não se refere à seleção de fatos ou a aspectos entre as coisas que "realmente aconteceram". Em sintonia com o interacionismo de Garfinkel, Molotch e Lester, defendem que o que está "realmente acontecendo" é aquilo em que as pessoas prestam atenção.

Passado e futuro não se esgotam em uma única realização nem se limitam a receber "enxertos" que complementem o estabelecido. Dialeticamente, um novo conceito reinforma cada acontecimento anterior. Ao mesmo tempo, cada acontecimento tem seu sentido reconhecido a partir de um dado contexto. Esse processo não se limita a "importar" o passado para um novo presente, nem simplesmente a agregar aspectos antes obliterados. Trata-se de operação de desconstrução e reconstrução mais complexa que, na sociedade brasileira contemporânea, teve nos jornais atores privilegiados.

Por toda a sua simbologia e a sua complexidade, o 16 de julho serve de referências temporais variadas para os brasileiros, como poucos acontecimentos da história contemporânea. As diferentes inferências vão desde "a ameaça ao projeto nacional" à reelaboração positivista de que "o Brasil não teria sido tetracampeão mundial" se não tivesse perdido em 1950. Embora longe de consensual, esta última tem ganhado espaço, principalmente entre alguns formuladores do campo esportivo, como Juca Kfouri e João Máximo, preenchendo ainda vazios no campo acadêmico.

As referências ao 16 de julho não se esgotam, no entanto, nos diferentes sentidos e apropriações da derrota para o Uruguai. Nesse processo de desconstrução, a cobertura dedicada pela imprensa ao ritual da morte de Barbosa parece apontar para um descolamento entre o significado e o seu significante mais visível. Tal operação é passível de vazamentos importantes e de pistas que denunciam contradições de fundo não resolvidas na sociedade brasileira. Se o discurso positivista aponta a derrota de 1950 como aprendizado indispensável para a conquista do tetracampeonato e, de alguma forma, relativiza a culpabilização daquele time, inclusive de Barbosa, o que falta para apropriar-se com orgulho do vice-campeonato, melhor colocação até então do Brasil nas quatro primeiras versões da Copa do Mundo?

Não assumir o vice-campeonato denuncia contradição cruel numa sociedade competitiva e carente de autorreconhecimento como a brasileira. Nessas condições, o vice não é o segundo melhor entre os 13 competidores da Copa de 1950, e, sim, quase o equivalente ao último colocado. No futebol brasileiro, no entanto, o segundo lugar, em geral, pode ser mais vexaminoso do que o último, exceto nas situações em que essa colocação implique rebaixamento de divisão, o que resulta em mudanças, para pior, no *status* anterior. Esse comparativo dá-se porque, se o último colocado e os demais que não logram disputar a partida decisiva podem ser reduzidos a meros coadjuvantes, ao vice está destinado papel mais crucial: o de constituir e valorar a glória do campeão. Tem-se assim ironia cruel. Quanto mais forte o derrotado, maior o brilho da conquista do campeão, sem que disso resulte qualquer glorificação para o vice, e, sim, uma humilhação mais profunda.

Uma ocorrência é um acontecimento conhecido, que pode ser dividido em acontecimentos e ocorrências complementares. As ocorrências consideradas mais importantes são as que se tornam particularmente úteis como referências temporais. Molotoch e Lester (1993) recorrem ao termo "acontecimento" para se referirem a ocorrências que adquirem o *status* de objeto no mundo social, tornando-se disponíveis para a construção de acontecimentos futuros e, se pode acrescentar: para reelaboração do passado.

Para serem constituídos como acontecimentos, os fatos dependem dos objetivos dos que os constituem, o que também informa a sua durabilidade. Qualquer ocorrência pode, a princípio, constituir um acontecimento, que terá sua durabilidade dependente dos fins que o constituíram. Os dois pesquisadores conceituam como tempo público a representação da "dimensão da vida coletiva", por meio da qual as diferentes comunidades compartilham um passado padronizado e percebem o presente e o futuro.

No entanto, a percepção do tempo público nem sempre é homogênea. Quando pelo menos duas partes com acesso aos mecanismos capazes de criar acontecimentos fazem utilizações antagônicas ou diferentes dos acontecimentos se está diante de uma questão.[34] Tais antagonismos ou diferenças podem se dar na origem da produção dos acontecimentos ou estarem sujeitos a apropriações diversas no decorrer do processo. A polarização de interesses distintos engendra uma briga sobre a natureza da ocorrência, que pode levar, inclusive, a questionamentos se se está ou não diante de um "verdadeiro acontecimento".

Aqui se tem uma primeira pista para analisar as visões diferentes desenvolvidas pelos jornais e o principal telejornal brasileiro sobre a transformação ou não da ocorrência da morte de Barbosa em um "verdadeiro acontecimento". Uma das fontes constitutivas do padrão global é a produção e a reprodução de um glamour homogêneo, de corte estadunidense e europeu fortemente idealizado, ainda que com pitadas nacionais, que aponta para a reificação da riqueza, a quase desconsideração do fator trabalho e a anulação de conflitos. Escaparia à natureza desta pesquisa uma análise mais complexa sobre os mecanismos ideológicos da TV Globo, mas, para os fins aqui desejados de comparar a cobertura da morte de Barbosa feita pelos jornais e pelo *Jornal Nacional*, se poderia avançar ainda para apontar o estranhamento para o paradigma do *JN* da representação do derrotado.

Na gramática global, a passagem de derrotado a vencedor parece condicionada a um golpe de sorte, à adoção por um padrinho, em geral bem-sucedido, ou a um esforço e a uma dedicação excepcionais. Nenhum desses modelos contempla a absolvição dos que, por falta de esforço, talento ou má sorte, falharam na hora decisiva, ficando em débito com aqueles que acreditaram e/ou investiram neles.

A escolha entre relatos distintos determina a natureza da ocorrência, bem como sua intensidade e sua capacidade de reordenar ocorrências e acontecimentos passados, alterando prioridades e influenciando na tomada de decisões. A opção, entre outras possíveis, pela não notícia da morte de Barbosa atesta que essa não é uma prioridade do noticiário do *JN*, que, entre dezenas de outras ocorrências passíveis de serem transformadas em "verdadeiros acontecimentos", optou pelo apagamento do ex-goleiro. Seja por motivos mercadológicos, de especificidade do veículo e ideoló-

---

[34] Para Molotoch e Lester, os principais operadores das questões públicas são os meios de comunicação de massa. No entanto, pelo recorte escolhido para esta pesquisa, optou-se por se restringir, ou focar centralmente, a atuação dos jornais brasileiros relativos ao período estudado, o que, para os fins pretendidos, não muda em essência os conceitos apresentados.

gicos, a não notícia pode ser lida também como uma condenação mais forte do que a reafirmação explícita do paradigma do "frango" de 1950.

O surgimento de uma questão revela existirem necessidades de acontecimentos diferentes ou opostos em relação a uma dada ocorrência. Uma ocorrência passa pelo crivo de um conjunto de agências, constituídas por indivíduos ou grupos, que interferem na forma como o acontecimento será mostrado. Molotoch e Lester (1993) identificam três grupos principais de agências: os promotores da notícia, os profissionais da notícia e os consumidores da notícia.

Entende-se como promotores da notícia os indivíduos e grupos que identificam — tornando-a, portanto, observável — uma ocorrência que, por razões variáveis e conteúdos específicos, pode vir a interessar a determinados indivíduos e grupos. Cabe aos jornalistas, que, recorrentemente, trabalham a partir de materiais fornecidos pelos promotores das notícias, a transformação de um conjunto finito de ocorrências em acontecimentos públicos. Com a publicação da notícia e a amplificação do seu alcance, a terceira peça desse tripé, os consumidores das notícias, criam uma sensação de tempo público.

Estudos sobre recepção já lograram mostrar que o papel da audiência/leitor não é meramente passivo. No entanto, embora também cada agência incorpore sucessivamente o mesmo trabalho de construção, baseado em interesses que determinam dadas necessidades de acontecimentos, o trabalho desenvolvido em cada etapa bloqueia ou inibe outras possibilidades de criação e angulação dos acontecimentos. É essa capacidade de bloqueio, que vai da elaboração da pauta à edição, que funda, em boa medida, o poder do trabalho jornalístico e de toda atividade de informação.

O bloqueio a outras possibilidades, porém, não se apresenta de forma aleatória. Ao longo do tempo, jornais e jornalistas criaram e desenvolveram discursos e técnicas que oferecem racionalidade e justificativas, de um ponto de vista teórico e profissional, à inibição de outras possibilidades de abordagem dos acontecimentos e às não notícias.

No noticiário sobre a doença, a morte e o enterro falta uma uniformidade capaz de produzir uma identidade-síntese para Barbosa que possa ser aceita consensualmente pela imprensa ou, pelo menos, pelos jornais mais influentes, para ser oferecida como uma "última memória" aos leitores. Algumas pistas, no entanto, sinalizam esboços de uma nova reelaboração da identidade do personagem.

Um ponto comum em todas as matérias no ritual de despedida é a ênfase à relação de Barbosa com o Vasco. E, em particular, com "o histórico Expresso da Vitória", uma das equipes mais vencedoras do clube de São Januário. Essa relação cresce em evidência em relação diretamente proporcional ao esmaecimento dos laços do ex-goleiro com a seleção brasileira — resguardada a exceção contemplada no noticiário do anúncio da morte.

Essa assimetria produz uma contradição irônica, que também sinaliza esboços para a construção de uma nova identidade para Barbosa. Embora tenha entrado para a história, principalmente pelo gol de Ghiggia que não conseguiu defender, ao elaborarem seu obituário, os jornais, constrangidos em reafirmar a sentença sustentada durante cinquenta anos contra "o culpado pela derrota", parecem optar pelo atalho da homenagem "ao grande goleiro de uma das equipes mais vitoriosas da história do Vasco". Tem-se assim, como principal contraponto ao "frango" de 1950, a memória de "uma das maiores glórias do Vasco".

Como visto no capítulo II, clubes de futebol são equivalentes, no campo esportivo, aos partidos políticos. Trata-se de definição sociocultural tão importante que qualquer político que se candidate a algum cargo majoritário é instado a revelar sua filiação clubística. É sentimento tão arraigado que é considerado quase como "não brasileiro" o candidato que se declare não religioso, isto é, não devoto de nenhum clube de futebol. No entanto, como revela a etimologia da palavra, partido é parte e, por mais numerosa e fervorosa que seja, a torcida de um clube estará hierarquicamente abaixo da devoção à seleção brasileira. Assim, ao optarem pela reabilitação "do lado Vasco" de Barbosa, os jornais promovem, intencionalmente ou não, um apartamento do ex-goleiro da seleção.

Da perspectiva dos jornais, apenas um número finito de coisas "acontece realmente", das quais as mais especiais, interessantes ou importantes são mais noticiáveis (Lester; Molotch, 1993). Ao checar o valor de cada fato, o jornalista não pode partir de critérios explicitamente arbitrários e subjetivos, sob pena de estar sujeito a sanções das outras agências. Sua principal arma nesse processo é o recurso à objetividade, que, como visto no capítulo anterior, é socialmente construída. A reificação da objetividade, porém, faz com que qualquer desvio dos seus fundamentos esteja sujeito ao enquadre da parcialidade ou da excentricidade.

Não são raros os momentos em que se registram convergências de interesses entre os promotores de notícias e a imprensa. Essa convergência da necessidade de acontecimentos pode se dar por motivos diferentes e sem que, necessariamente, um conheça as razões do outro. Assim, ainda que por motivos diversos, pode haver uma convergência da necessidade de acontecimentos entre o Vasco e a imprensa de informar os consumidores de notícias da morte de Barbosa. Além de realimentar o *status* atual com as glórias do passado, o Vasco pode ter necessidade de mostrar que o clube, por meio de sua diretoria, cultua seus antigos ídolos, inclusive amparando-os se necessário.

Para a imprensa, a transformação da ocorrência da morte de Barbosa em um acontecimento está informada pelo o que a objetividade jornalística define como notícia: um ex-jogador de futebol — profissão com *status* consolidado na sociedade brasileira — e ex-goleiro da seleção numa Copa em que o país foi vice-campeão. Ainda que a morte recente do personagem imponha embaraços e constrangimentos à construção do discurso sobre essa última ocorrência, pela necessidade de acontecimentos da imprensa, esta não tem dúvida de estar diante de uma notícia.

Tal convergência, no entanto, é bastante assimétrica. Pela tipologia definida por Molotch e Lester (1993), os acontecimentos enquadram-se em três categorias: rotina, acidente e escândalo. Embora a morte seja ocorrência previsível, sua transformação em acontecimento está sujeita, em geral, a fatores não controláveis. No entanto, apesar de não se tratar de acontecimento de rotina, a investigação sobre esse tipo de categoria pode fornecer pistas importantes para o exame do caso tratado, principalmente se não considerarmos essa tipologia de forma estática e percebermos pontos de contato entre os três modelos reivindicados pelos dois pesquisadores.

Duas questões são chaves na constituição de um acontecimento de rotina. É importante investigar se o acontecimento foi firmado por ação intencional ou não de indivíduos e grupos. Ao mesmo tempo, é relevante saber se a agência que promove o acontecimento é a mesma que, na origem, deu partida à ocorrência em que o acontecimento se baseia. A relevância dessas questões cresce em importância à medida que cada tipo de acontecimento vai sendo descrito.

O sucesso do rito de passagem de uma ocorrência para um acontecimento de rotina depende, em grande medida, da definição de história tal como a entendem os profissionais da notícia. Diante dessa circunstância, é decisiva para o sucesso ou não do intento inicial a capacidade de acesso dos interessados na promoção de uma ocorrência à segunda fase da criação do acontecimento.

Grosso modo, pode-se apontar três subtipos de acontecimentos de rotina: aqueles em que os promotores do acontecimento têm acesso recorrente aos jornais; aqueles em que os promotores do acontecimento buscam barrar ou dificultar o acesso de rotina de outros atores à imprensa e aqueles em que o acesso é obtido porque os promotores e os profissionais da notícia se fundem num só personagem. No segundo caso, trata-se de uma forma de reafirmação do *status* dos promotores habituais de acontecimento e, no terceiro, de situações em que os meios de comunicação tratam eles próprios de elevar ocorrências a fatos. Dos três subtipos de acontecimento, o mais ilustrativo para o propósito assinalado acima é o primeiro. Por isso, se concentrará aqui a análise nos acontecimentos de rotina.

Os meios de comunicação tendem a naturalizar a ideia de que os que detêm algum tipo de autoridade são potencialmente mais noticiáveis. Embora outros indivíduos e grupos, em determinadas circunstâncias, também ocupem espaços sociais capazes de transformar ocorrências em acontecimentos, o acesso dos detentores de *status* de poder aos meios de comunicação estende-se para muito além do tempo e do assunto. Já o acesso dos demais atores à imprensa tende a conviver com altos e baixos, estando fortemente sujeito a fatores como o tempo e o lugar em que se desenvolve a ocorrência.

Nessas condições, o paradigma hegemônico — e, portanto, de maior visibilidade — do acontecimento de rotina é ditado pela geração de uma experiência pública pelos que detêm a capacidade de acesso contínuo à imprensa para exercerem a defesa da importância e do *status* das suas ocorrências. No caso do objeto em estudo, é escassa a possibilidade de Barbosa em vida fazer os jornais adotarem o paradigma da sua história como a de "uma das maiores glórias do Vasco" e do "goleiro vice-campeão do mundo em 1950". A principal porta de acesso para a circulação dessa perspectiva seria pelo Vasco. No entanto, a receptividade dos jornais ao acesso desse tipo de promotor capaz de gerar experiências públicas está condicionada ao que a perspicácia jornalística entende como notícia.

Segundo dados da Confederação Brasileira de Futebol (CBF), em 1994, dos então 16.170 jogadores registrados na confederação, apenas 3% recebiam mais de dez salários mínimos (Souto, 2000). Nesse universo de 3%, os jornais, por critérios justificados pela objetividade ou pela perspicácia jornalística, como performance, número de fãs, clube em que jogam ou importância dos patrocinadores, elegem um número ainda mais reduzido como promotores capazes de transformar fatos em acontecimentos de rotina.

Interditado o acesso de Barbosa à imprensa e com a acessibilidade via Vasco condicionada ao conceito rotineiro de notícia dos jornais, restaria a possibilidade de as autoridades que no mundo do futebol detêm *status* de poder transformarem a versão de Barbosa em acontecimento. Tal possibilidade, no entanto, esbarra em limitações importantes, muitas das quais vinculadas ao processo de construção da memória dos jogadores de futebol. Um dos veteranos da crônica esportiva brasileira, o radialista Luiz Mendes afirmava: "A memória do brasileiro não vai além da missa de sétimo dia" (Souto, 2000).

Uma abordagem em *lato sensu* do processo de elaboração da memória nacional fugiria em muito ao alcance desta pesquisa, mas, respeitados esses marcos, é interessante assinalar como personagens capazes de mobilizar símbolos nacionais tão poderosos têm acompanhamento tão irregular de suas trajetórias. Das três grandes fases em que suas vidas são divididas — anonimato, fama e ostracismo —, em geral, somente a segunda é elevada à categoria de acontecimento. A primeira apenas ganha vida na imprensa quando acoplada à segunda. Enquanto da última, o pouco que se sabe somente costuma tornar-se público quando o ex-astro vê-se envolvido em algum fato extraordinário.

Essa compartimentação é, em parte, explicável pelo paradigma do descartável que informa a sociedade brasileira, em contraposição a nações de estratificação mais consolidada. No futebol, esse modelo produz cortes abruptos e descontinuidades, seletivamente preenchidas pelos jornais. O paradigma do descartável provoca situações como as vividas por ex-craques que, ao visitarem seus ex-clubes, são, em geral, recebidos com indiferença pelos jogadores, os quais, em sua grande maioria, desconhecem a trajetória do ex-ídolo. Ironicamente, o mesmo ritual se repetirá com os ídolos atuais.[35]

---

[35] "O cara chega ali, ninguém dá bola. A não ser que seja o Pelé ou alguém que está em evidência na mídia. Não dá para você imaginar que você vai ficar igual a ele", compara um antigo ponta-direita da seleção brasileira (Souto, 2000, p. 34).

Sem reunir as características dos promotores capazes de produzir acontecimentos de rotina, Barbosa somente poderia transformar um fato em um acontecimento acidental. Esse tipo de acontecimento difere do de rotina em dois pontos centrais: o acontecimento original não é intencional e os promotores do acontecimento público não são os mesmos de cuja ação resultou o acontecimento.

Os acontecimentos acidentais resultam de cálculos errados ou de aspectos não previstos que levam à quebra da ordem habitual. Por seu caráter menos controlável, um acidente tende a ter resultados diferentes dos acontecimentos de rotina. Uma das razões é que ele estimula revelações que, em outras circunstâncias, seriam deliberadamente ofuscadas pelos que detêm o poder de produzir acontecimentos de rotina. A morte de Barbosa pode ser caracterizada como um acontecimento acidental, não por se tratar de fenômeno social imprevisível, mas por ser um fato que leva à quebra da ordem habitual, que reduzia a representação do ex-goleiro na imprensa à imagem do "responsável pela derrota de 1950".

Como o tempo transcorrido entre a internação e o desenlace da morte é relativamente curto, a irrupção dessa ocorrência gera uma necessidade de notícia que, pelo seu inesperado, obriga os jornais a improvisarem nova identidade para Barbosa. Esse acontecimento cumpre os dois principais requisitos que o diferenciam do acontecimento de rotina: o acontecimento original não intencional e, obviamente, os promotores do acontecimento público não são os mesmos de cuja ação resultou o acontecimento.

4.3 Outras mortes

> *Quando o Brasil ia jogar contra o Uruguai,*
> *ele pedia para tirar o telefone do gancho.*
>
> *(Kátia, filha de Zizinho, O Globo, 9/2/2002)*

O caráter imprevisível, no entanto, não é garantia de que um fato vá ser promovido a acontecimento. Nem todos os incidentes tornam-se acontecimentos públicos. Isso ocorre porque os acontecimentos são sempre socialmente construídos e sua noticiabilidade não se dá pela reificação da objetividade. Também a maior ou menor amplitude dos acidentes na imprensa está informada por construções sociais. Uma confirmação desse ponto de vista pode ser verificada pela comparação do tratamento dado pelos jornais à morte de outros integrantes do time vice-campeão mundial em 1950.

Dos 11 jogadores que entraram em campo naquele 16 de julho, até maio de 2002, quando esta pesquisa era concluída, quatro, além de Barbosa, haviam falecido: o centro-médio Danilo Alvim, o meia-direita Zizinho, o centro-avante Ademir Menezes e o ponta-esquerda Chico Aramburu.[36] A essa lista acrescente-se o treinador Flávio Costa.

A comparação com a morte de alguns desses ex-ídolos ajuda a perceber o processo de transformação de um fato em acontecimento acidental. Por motivos que variam da dificuldade de acesso a material sobre ídolos no ostracismo à desnecessidade de uma historiografia completa dos demais vice-campeões de 1950, optou-se por examinar a cobertura sobre a morte de três personagens: Chico Aramburu, Zizinho e Flávio Costa.

Embora todo recorte guarde alguma arbitrariedade, a escolha não foi de todo aleatória. Os escolhidos são personagens emblemáticos de arquétipos definidores do mundo do futebol. Embora Danilo, o Príncipe Danilo, e Ademir também pudessem simbolizar a figura do craque, Zizinho desponta, por todas as unidades de medida que regem o futebol, como o principal nome daquele time. Chico sintetiza o jogador mediano num time de grandes estrelas, enquanto Flávio Costa, como treinador, representa a figura do comandante.

Dos três, Francisco Aramburu, o Chico Aramburu, foi o primeiro a falecer. Em 2 de outubro de 1997, *O Globo* noticiava em sua seção de obituário: "Chico, o Flecha Dourada, 73 anos". Na abertura da matéria, a exemplo do título, o jornal não fazia qualquer menção à Copa de 1950: "O Flecha Dourada do Vasco era um ponta veloz; inteligente e valente, Chico chutava forte com os dois pés, driblava na corrida e cruzava certeiro com a canhota. Dono da camisa 11 do Expresso da Vitória, Chico travou duelos memoráveis com Biguá, lateral do Flamengo" (grifos nossos).

---

[36] Além dos cinco jogadores que enfrentaram o Uruguai, tinham falecido, até maio de 2002, o ponta-direita Maneca (Manuel Alves Marinho), que não jogou a final por estar contundido e que se suicidou, ingerindo veneno, em 11 de julho de 1961. Entre os reservas, tinham morrido o goleiro Castilho (Carlos José de Castilho), que também cometeu suicídio, atirando-se do alto de um prédio, em 2 de fevereiro de 1987; e o centro-avante Baltazar, em 1997. Para os fins comparativos aqui pretendidos, os reservas não foram considerados, já que, até 1970, era proibida a substituição de jogadores, o que, numa época de poucas mudanças nas escalações, dava menor visibilidade aos não titulares. Pouca gente, por exemplo, recorda-se que Nilton Santos foi reserva de Bigode em 1950, guardando dele, principalmente, a imagem de bicampeão mundial em 1958 e 1962.

Somente depois de apresentá-lo como um dos integrantes do Expresso da Vitória, o jornal informa que o ponta-esquerda fora, em 1950, um dos seis titulares que o Vasco "forneceu à seleção brasileira vice-campeã do mundo no Maracanã". E acrescenta: "A derrota para o Uruguai foi a maior frustração da carreira de Chico". Essa é a única referência a 1950 nos quatro parágrafos de uma matéria sem qualquer ilustração e, de resto, inteiramente dedicada a descrever a carreira do jogador no Vasco, "que amou até o fim da vida".

Esse recorte é tão acentuado que o consumidor da notícia é informado que essa relação teria contribuído para a morte do ex-ponta-esquerda: "Cardíaco, vinha passando mal desde o último dia 24, depois de ver o Vasco perder de cinco a um para o River Plate, pela Supercopa." Esse é o ponto mais forte de um texto construído para enfatizar a imagem de um ex-ídolo do Vasco. A construção é reforçada ainda pelo não dito: sua participação na seleção brasileira, na qual jogou entre 1945 e 1950, exceto pela citação inicial, é apagada de seu obituário.

Não se busca, diferentemente do tratamento dado a Barbosa, de absolvê-lo ou culpá-lo pela perda da Copa. Do exposto, resulta um jogador veloz, bom driblador, ou seja, coadjuvante à altura do time de grandes estrelas do Vasco, no qual jogou entre 1945 e 1953, após passagens por equipes do interior do Rio Grande do Sul e pelo Grêmio.

Publicado fora do território da editoria de Esporte, o obituário de Chico revela como a construção social pode reafirmar, mesmo num acidente, um dos principais paradigmas que constituem a promoção dos acontecimentos de rotina: estes são atributos quase exclusivos dos detentores de *status* de poder. Tem-se num acidente a reprodução do papel destinado a Chico nos acontecimentos de rotina. Ainda que o título de 1950 pudesse levá-lo a ocupar patamar mais elevado no *status* social, exceto no caso de participação excepcional na final, como a hipotética marcação do gol da vitória, a tendência seria a manutenção de papel de coadjuvante em relação aos principais astros, que passariam a ter ainda mais valorizado o *status* de poder que possuíam antes do início do mundial.

Até pelo espaço destinado ao anúncio de sua morte, o obituário de Zizinho indicava ao leitor menos informado ou mais distraído estar diante de personagem bem mais ilustre. "Adeus, Mestre Ziza — Craque morre aos 80 anos, com a mesma simplicidade que exibia em campo"; "Máspoli: 'Zizinho era fenomenal, grandioso' — Companheiros e adversários destacam o futebol e o caráter de um dos maiores craques de todos os tempos." Os títulos que encabeçam as matérias espalhadas pelas três páginas destinadas pela edição de O Globo, em 9 de fevereiro de 2002, à morte de Zizinho revelam o tratamento VIP da imprensa ao craque, único — entre ele, Barbosa e Chico — a ter tal condição claramente reafirmada.

Para reforçar a imagem positiva, a matéria é ilustrada por cinco fotos do jogador, sozinho ou acompanhado de outros craques. O principal aval dessa condição vem pela lembrança insistente de que ele foi o maior ídolo de Pelé. Em uma das legendas, essa relação é radicalizada e estendida a uma intimidade quase familiar: "Quando eu era garoto, procurava imitar dois jogadores: o Dondinho, meu pai, e o Zizinho."

O estatuto de mito que goza da mesma admiração infantil que Pelé dedicava ao pai é reforçado pelos depoimentos colhidos pelo jornal de outros craques e personalidades do esporte: "É mais um mito do futebol que nos deixa e um amigo que perdi. Foi um grande jogador e um grande homem", atesta o capitão da seleção tricampeã mundial, em 1970, no México, Carlos Alberto Torres.

O discurso da construção do mito não impede a menção à derrota de 1950. Ela é referida, no entanto, principalmente como "a maior decepção" numa carreira exemplar. Ele também é apresentado como defensor "das vítimas 1950" e a reportagem lembra seu protesto "quando Barbosa morreu ainda sob o estigma da maior tragédia do futebol brasileiro". Mas não escapa da recordação de que também "morreu sem se livrar do fantasma do "Maracanazzo".

"Quando o Brasil ia jogar contra o Uruguai, ele pedia para tirar o telefone do gancho. O futebol lhe deu muito mais alegrias que tristezas mas ele morreu com essa mágoa", recorda, ao jornal, Kátia, uma das filhas de Zizinho. Ex-jogador do Bangu e amigo do craque, o ex-ponta-direita Sabará também salienta o incômodo, lembrando que "até o fim ele tocou nesta tecla": "O Zizinho ficou muito machucado por ser lembrado mais pela Copa de 50 do que por suas glórias."

A própria busca de depoimentos dos "carrascos" de 1950, como Roque Máspoli, goleiro do Uruguai naquela Copa, reafirma que nenhum dos participantes saiu incólume da tragédia do 16 de julho. No entanto, essas contradições, longe de aproximar, amplificam a distância do tratamento dedicado pela imprensa à cobertura das mortes de Barbosa e Zizinho. De alguma forma, são pedagógicas na aplicação a um acidente de normas que regem a promoção de um fato a acontecimento de rotina.

A promoção da morte de Zizinho a acontecimento segue o paradigma da construção do mito do herói que, após passar por duras provações, é entronizado no Olimpo. Embora, se comparado o número de títulos conquistados por ele ao longo da carreira com os obtidos por Barbosa, este leve larga vantagem,[37] os jornais vinculam o primeiro a atributos simbólicos mais fortes, sintetizados em adjetivações autoexplicativas, como mestre, gênio, craque...

Coerentemente com o *status* reconhecido em vida, *O Globo* reafirma na morte do "único homem a ostentar a credencial de ídolo de Pelé" que sua "imortalidade não foi arranhada sequer pela maior tragédia da história do futebol brasileiro". Além de avalizar para o público consumidor da notícia Zizinho, que, "com sua genialidade e magia, saiu intacto da tragédia" — reivindicação que enfrenta ranhuras pelo depoimento da filha do ex-jogador colhido pelo próprio *Globo* —, o jornal elege novo papel para o craque, ao mesmo tempo em que faz Barbosa recomparecer como vítima.

"Homem de caráter e personalidade marcante, abraçava solidário os companheiros mais marcados. Culpar Barbosa ou Bigode perto de Zizinho era assinar sentença de guerra": "Alguns carregaram aquela cruz e ainda carregam. Barbosa morreu com isso. Bigode carrega até hoje. Chamava os dois para festas. Avisava-os que ninguém ia falar de 50. Ficava de olho. Dizia Mestre Ziza", recorda o jornal.

A saga rumo ao Olimpo não exclui passagens constrangedoras nem derrotas marcantes; em muitos casos elas servem para temperar o caráter do candidato a herói, testar se merece alcançar o posto almejado. No entanto, a promoção do acontecimento das duas mortes guarda distinções emblemáticas. No caso de Barbosa, a reconstituição de sua trajetória pela imprensa aponta para um candidato a herói, que, na hora decisiva, falha, frustrando os que investiram e acreditaram nele. O "frango" de Barbosa é transformado, pelos jornais, em um dos fatores constitutivos de uma referência temporal que ordena o passado e o futuro dos brasileiros em antes e depois da derrota para o Uruguai. Já a cobertura da morte de Zizinho reelabora sua participação no 16 de julho para apontá-la como um acidente numa trajetória exemplar.

---

[37] Enquanto Barbosa foi seis vezes campeão carioca (1945, 1947, 1949, 1950, 1952 e 1958); campeão do Rio-São Paulo (1958) e Sul-Americano (1948), Zizinho foi tricampeão pelo Flamengo (1942, 1943, 1944) e campeão paulista pelo São Paulo (1957).

Da forma como os jornais promovem os dois acontecimentos, resulta que, enquanto Barbosa surge como devedor da nação derrotada, humilhada e enlutada, Zizinho é apresentado como vítima de um acidente sobre o qual a imprensa não tem controle na sua origem e no seu desenvolvimento. Essa "falha", no entanto, clama por uma reelaboração que permita corrigir em algum grau a injustiça de que foi alvo.

Embora ambos surjam como acidentes, os dois acontecimentos sofrem promoções distintas pelos jornais. Numa operação que tem na evocação "ao único ídolo de Pelé" sua condensação mais poderosa, Zizinho é transformado no principal elo entre "os derrotados de 1950" e "os vitoriosos de 1958", na Suécia e que iniciaram a marcha do Brasil para o tetracampeonato que vai vingar a "injustiça" sofrida por Zizinho.

A não extensão do resgate aos demais integrantes do time de 1950, como reivindicado reiteradas vezes por Barbosa e seus companheiros a cada conquista do Brasil nos gramados, inscreve-se em contradição fundamental do futebol: esporte coletivo que ressalta a conquista individual, e no papel desempenhado pelos jornais nesse processo.

Antes, durante e depois da Copa de 1950, Zizinho, como integrante da aristocracia esportiva de sua época, era detentor do *status* de poder que fazia com que os jornais o considerassem mais noticiável do que os demais. Já Barbosa, detentor de *status* intermediário entre Chico e Zizinho, passou de um noticiável médio antes do 16 de julho para o de um alto noticiável como "responsável pela derrota". Tal condição é reforçada pela particularidade de sua posição de goleiro em contraste com a de Chico, que, como estrela mediana e sem ocupar o posto de último homem, não estaria apto para ser escalado como gerador de acontecimentos de rotina em relação à produção permanente de sentidos sobre a derrota.

O anúncio da morte de Flávio Costa segue ritual que contém elementos presentes nos obituários de Chico, Barbosa e Zizinho. O título — "Flávio Costa, ex-treinador, 93 anos" (O Globo, 23/11/1993) —, por sua síntese, remete ao obituário de Chico — "Chico, o Flecha Dourada, 73 anos". A objetividade jornalística determina que o título antecipe a informação mais importante do texto, preferencialmente extraída do *lead*. Ao optar por referir-se à profissão e à idade de Flávio, *O Globo* repete o mesmo processo de determinação da identidade destinada a Chico, dois anos antes.

Ao promover a morte de Barbosa a acontecimento, o mesmo jornal antecipa no título — "Morre Barbosa, goleiro que o país crucificou na Copa de 50" — a síntese escolhida para representá-lo. Ainda que transferindo a responsabilidade pela condenação para "o país", ela reafirma a condenação. Na cobertura da morte de Flávio, predomina discurso polissêmico. Logo no *lead*, *O Globo* apresenta Flávio Rodrigo Costa como "o técnico da seleção brasileira <u>vice-campeã de 1950</u> e um profissional que se confundia com a história do futebol brasileiro" (grifo nosso).

Diferentemente do obituário de Barbosa, no qual o vice-campeonato é condenação e tragédia, no de Flávio esse acontecimento é promovido, pelo menos na primeira menção, a fato positivo ou pelo menos não desonroso. O discurso polissêmico sobre o ex-treinador é explicitado já nas distinções entre o *lead* e o título, que não seguem o mesmo discurso único. Grosso modo, pode ser resumido nas três fotos — todas de arquivo — que ilustram a matéria do jornal.

Na primeira e maior delas, de 1973, feita três anos antes de ele se retirar da função de treinador, a legenda informa sobre o início de sua carreira, em 1924, como jogador do Helênico[38]. Na foto embaixo à esquerda, as mãos nas cadeiras e o ar desolado registram a derrota para o Uruguai, no momento em que deixava o campo, em 1950. O contraponto à derrota encontra-se na foto ao lado, de 1951, quando torcedores do Flamengo o carregam nos ombros comemorando um título.

As nuanças exibidas deixam claro: se é indispensável lembrar que sua carreira "ficou mesmo marcada pela perda da Copa de 50 [...] o maior trauma da história esportiva do Brasil", é imprescindível relembrar a carreira vitoriosa nos clubes por que passou, com a exibição dos títulos conquistados[39]. Enquanto a principal "noticiabilidade" a justificar a promoção da morte de Barbosa a um acontecimento público é a derrota de 1950, no obituário do ex-treinador apenas pouco menos da metade final é destinada ao 16 de julho.

Sob o entretítulo "A dor depois da perda da Copa do Mundo de 50", *O Globo*, depois de apresentá-lo como "técnico inteligente" e que "montou um verdadeiro esquadrão para o Mundial", naturaliza a vitória

---

[38] Clube de futebol já extinto e que participou apenas uma vez da primeira divisão do Campeonato Carioca, em 1924.

[39] Flávio Costa foi tricampeão estadual como treinador do Flamengo (1942, 1943, 1944). No Vasco, foi o principal comandante do Expresso da Vitória, tendo conquistado, em 1948, no Chile, o Campeonato Sul-Americano de Clubes Campeões e quatro Cariocas (1945, 1947, 1949 e 1950). Trabalhou ainda em Portuguesa de Desportos, São Paulo, Bangu, Cruzeiro, Santos, Colo-Colo (Chile), América e Portuguesa (Rio). Treinou a seleção brasileira entre 1944 e 1950 e de 1955 a 1957, com 42 vitórias, 13 empates e 12 derrotas. Seu último trabalho no futebol foi, em 1976, como supervisor do Volta Redonda (O Globo, 23/11/1999).

antes do jogo — "tudo estava pronto para a festa brasileira" — para tratar a seguir a derrota como um acidente: "mas o Brasil perdeu por 2 x 1 e o maior estádio do mundo emudeceu". Se escusando a analisar o papel de Flávio na final, o jornal transfere tal responsabilidade para o próprio treinador, reproduzindo trecho de entrevista concedida por ele à revista *Placar*, em 1976.

> Não quis jantar. Bebi umas doses de uísque e menos de uma hora depois chegam os médicos Amílcar Giaffoni e Paes Barreto. Falamos sobre o jogo e depois de meia hora de conversa, mudamos de assunto. A Copa estava encerrada. E perdida.

A comparação do noticiário sobre as quatro mortes nos conduz à percepção de Molotch e Lester (1993), de que a imprensa não reflete um mundo exterior, mas as práticas dos que detêm o poder de determinar a vivência dos outros. Por essa ótica, os detentores de algum *status* de poder são, em princípio, sempre mais "noticiáveis" do que os demais. No universo do futebol, tal condição é destinada pelos jornais a muito poucos personagens. Por critérios apresentados em consonância com o paradigma da objetividade e permeados por particularidades desse mundo, os eleitos passam a ser vistos como promotores de acontecimentos de rotina.

Diante de um acidente, os jornais perdem o controle em geral exercido sobre a promoção dos acontecimentos. No entanto, passada a surpresa, tendem a reelaborá-los pelos mesmos paradigmas que informam os acontecimentos de rotina, salvo nos casos de acidentes que se instalam de forma permanente. Inicialmente, encarado como um acidente, o 16 de julho é transformado pela imprensa numa referência temporal que ordena o passado e o futuro da nação. Diante desse quadro, os jornais promovem acontecimentos públicos que reelaboram as identidades anteriormente atribuídas aos personagens.

Tais operações irrigam o terreno para justificar a exaltação do "maior craque do Brasil antes de Pelé", construção que se insere na necessidade de notícia por um passado que dê lastro positivo ao presente vitorioso. Também é desnecessário absolver ou culpar o jogador mediano, principalmente quando os jornais sintetizam sua identidade à de "um bom jogador de clube". Flávio Costa, como treinador, tem na maior longevidade de sua profissão, o que amplia a possibilidade de agregar feitos — como a volta ao comando da seleção brasileira —, um dos elementos constitutivos do discurso polissêmico promovido pelos jornais sobre sua carreira.

Nenhuma dessas reelaborações, porém, resulta na promoção do vice-campeonato de 1950 a um acontecimento positivo e, portanto, numa valoração dos que o conquistaram, diferentemente de como visto ocorre em outras nações. A cobertura das mortes, no entanto, reafirma que nenhum deles teve sua imagem tão condicionada à referência temporal constituída pelo 16 de julho como Barbosa. A relativização de sua culpa e as tímidas tentativas de absolvê-lo se devem mais à relação guardada pela sociedade brasileira com o ritual da morte, durante o qual a norma social determina que se suspendam as críticas ao morto, do que a uma reavaliação do seu papel. Passado o período de luto, Barbosa parece destinado a ser novamente lembrado como "culpado pela derrota" ou como sinônimo de "derrotado", como se buscará examinar na parte final deste capítulo. Apenas um acontecimento de dimensões ainda mais dantescas que promovesse nova hierarquia no ranking das tragédias nacionais, tendo a seleção brasileira como objeto, teria o dom de reposicionar o papel de Barbosa na história do futebol nacional.[40]

Ao analisar registros médicos em clínicas, Garfinkel concluiu existirem "boas razões organizacionais para os maus registros" (Garfinkel, 1967 *apud* Traquina, 1993, p. 50). O pesquisador ressalta que seu interesse nessa "má qualidade" não residiria na explicação da organização social da clínica. Analogamente, se pode pensar a imprensa também como um caso de maus registros. Esse interesse na "má qualidade" do registro não tem como principal objetivo, porém, a crítica à parcialidade, mas, principalmente, a possibilidade de compreensão da maneira como o produto é apresentado, ou na investigação das suas "boas razões".

A análise das necessidades de acontecimentos e os métodos pelos quais eles têm acesso aos jornais determinam, em boa medida, a experiência dos públicos. O exame dos registros produzidos ajuda a revelar os métodos pelos quais a hegemonia ideológica é materializada. No entanto, apesar dessa hegemonia e da clara assimetria experimentada pelos detentores de *status* de poder e pelos demais atores sociais, é preciso assinalar a existência de brechas nessa operação desencadeada pelos jornais, cujo poder também não é monolítico.

---

[40] O 7 a 1 sofrido pela seleção brasileira para a alemã, na Copa de 2014, também no Brasil, 64 anos depois, provocou um reposicionamento do papel da seleção de 1950 e de Barbosa. Uma análise das suas consequências, porém, afastaria este trabalho dos seus objetivos centrais. Seu registro serve apenas de lembrete de que o universo do futebol é terreno de permanentes transformações, sem anular todo o processo que envolveu Barbosa, conforme é aqui estudado.

Embora, em geral, restrinja-se a ocupar franjas dos acontecimentos de rotinas, a existência de outros paradigmas permite apropriações particulares no interior dos próprios jornais, que também influenciam, ainda que de forma limitada, a experiência dos públicos. A promoção da morte Barbosa a acontecimento público não ficou restrita ao discurso hegemônico dos jornais. Também no interior da imprensa foram registradas manifestações de dissenso, como na coluna de Fernando Calazans, em *O Globo* de 11 de abril de 2000, quatro dias após a morte do ex-goleiro:

> O Vasco foi a única instituição brasileira que tentou ajudar e apoiar o injustiçado Barbosa, de quem esquecemos uma carreira inteira de glórias para julgá-lo por um lance só, de três segundos. A CBF, como sempre acontece em relação a ídolos, craques, jogadores, seres humanos enfim, vitoriosos ou não, agiu com a sua proverbial indiferença.

Embora sucinta, a nota condensa elementos caros a setores importantes do universo do futebol, como a defesa da humanização dos craques e o culto à memória dos ex-ídolos. O colunista, na época o mais importante daquele jornal, porém, opta por não entrar no mérito do "frango" ou não de Barbosa, preferindo tratar a morte do ex-goleiro como ato reparatório de injustiça provocada pela predominância de um lance isolado.

A promoção da morte de Barbosa como acontecimento capaz de reparar ou minimizar a injustiça contra o ex-goleiro também foi assumida pelo escritor e jornalista Carlos Heitor Cony, então colunista de assuntos gerais da *Folha de S. Paulo*. Ele revela que a promoção dessa ocorrência a acontecimento na sua coluna tem como fonte Teresa, a qual apresenta como "filha de Barbosa", que lhe pede uma frase "para colocar na sepultura do pai" (Folha de S. Paulo, 26/6/2000).[41] Ele apresenta Barbosa aos seus leitores como "o melhor goleiro que eu vi jogar" e convida o país a compartilhar a culpa pela derrota de 1950 juntamente com o goleiro: "Barbosa foi responsabilizado pela derrota, culpa que foi do Brasil inteiro, nossa culpa, nossa máxima culpa."

Tal forma de promoção do acontecimento propõe a mudança do paradigma do individualismo que marca o futebol e trabalha pela absolvição de Barbosa, optando pela culpa coletiva, da nação, que tem no

---

[41] Como Barbosa não teve filhos com sua mulher, Clotilde, o jornalista deve se referir a Teresa Borba, apresentada no noticiário sobre a morte de Barbosa como uma amiga a quem o ex-goleiro "considerava como uma filha". É a primeira vez que ela é apresentada como filha, sem a ressalva de que seria "adotiva".

ex-goleiro "um homem bom, que só o povo produz em seus melhores momentos de povo". Do exposto, tem-se que o vice-campeonato é sinônimo de derrota, embora a promoção do acontecimento reivindique ser esse fenômeno coletivo, e não individual.

Uma terceira promoção da morte de Barbosa como discurso de dissenso é encontrada na coluna de Pedro do Coutto, na edição de 20 e 21 de maio de 2000 da *Tribuna da Imprensa*. Apresentando-se como "um dos sobreviventes da arquibancada na derrota de 16 de julho", o jornalista assevera: "Barbosa não falhou no gol de Gigghia". A absolvição do goleiro, porém, cria um vazio sobre a necessidade de explicar a derrota, o que é preenchido por Coutto pela defesa da "derrota tática" para a equipe "comandada dentro de campo por Obdúlio Varela": "Fomos derrotados por um homem só — como escreveu Nelson Rodrigues: Obdúlio Varela", sentencia.

A promoção da morte de Barbosa como um acontecimento de reparação da injustiça teve no principal responsável pelo início do calvário do ex-goleiro seu mais firme defensor. Aproveitando o acesso à imprensa que um acidente lhe concedia, Ghiggia opta, na defesa da absolvição, por uma construção que o diferencia dos outros discursos do dissenso: a valoração dos vitoriosos como contraponto à condenação dos derrotados: "Vocês brasileiros ou esquecem ou fingem desconhecer que a nossa equipe também era muito forte. Meses antes, no campo do Vasco, num jogo pela Copa Rio Branco, nós derrotamos a seleção brasileira" (Extra, 11/4/2000).[42]

Essa apropriação particular do acontecimento expõe outra referência temporal determinada pelo 16 de julho: o par de opostos complementares Ghiggia/Barbosa. A partir daquele data, um não tem existência pública sem o outro. A relação os aproxima na necessidade idêntica de promoção daquele acontecimento de forma diferente do paradigma hegemônico, ainda que por razões distintas. Para Barbosa, promover o gol de Ghiggia e a derrota para o Uruguai como um acidente era a única forma de se

---

[42] A exemplo de outras taças regionais instituídas por estímulo do governo brasileiro ao desenvolvimento das relações com os países vizinhos, a Copa Rio Branco era disputada por Brasil e Uruguai. Ghiggia confundiu a partida em que os uruguaios venceram os brasileiros. No ano a que ele se refere, as duas seleções enfrentaram-se três vezes. Na primeira partida, em 6 de maio, o Brasil perdeu por 4 a 3, no Pacaembu, em São Paulo. Na segunda, em São Januário, no Rio, em 14 de maio, venceu por 3 a 2. Na terceira e decisiva, em 18 de maio, também em São Januário, o Brasil voltou a vencer, dessa vez por 1 a 0, gol de Ademir Menezes. Participaram do jogo decisivo nove jogadores do Brasil e dez do Uruguai que viriam a estar presentes no 16 de julho. É importante ressaltar que a Copa Rio Branco foi disputada cerca de um mês antes da Copa do Mundo.

contrapor ao paradigma do "frango" e obter a absolvição da imprensa, da torcida e da nação.

Para Ghiggia, promover Barbosa como grande goleiro, vítima da má sorte, ajudava a valorar a vitória e evitar que fosse reduzida ou, ao menos, borrada a um acontecimento acidental. A linha exibida para essa promoção pode incorporar, inclusive, versões diferentes e contraditórias para o seu gol decisivo. Para evitar que o acontecimento seja promovido como um acidente, pode ser necessário até que a ação do seu principal oponente seja tratada como acidental: "Excelente goleiro, ele não teve culpa naquele lance. Eu é que tive muita sorte e ele muito azar." Ele também sustenta o discurso do coletivo em contraponto ao individualismo. "Uma vitória é da equipe. E a derrota tem de ser da equipe também. E elegeram o goleiro como o grande culpado."

As diferentes formas constitutivas do discurso do dissenso que promovem a morte de Barbosa como momento reparatório da injustiça não se limitaram ao universo do futebol. Pouco mais de dois meses após a morte do ex-goleiro, o senador Luiz Estevão (PMDB-DF), que entrou para a história como primeiro integrante do Senado a ter o mandato cassado por acusações de corrupção, comparou-se a Barbosa, em seu último discurso de defesa no plenário da Casa.

> Eu me comparo ao goleiro Moacyr Barbosa, que, em 1950 sofreu o gol que fez o Brasil perder a Copa, e pagou por isso o resto da vida. Ele dizia que a pena para o crime mais hediondo do Código Penal era de 30 anos, mas que já haviam se passado 50 anos daquele gol e até hoje ainda não havia sido perdoado. Será assim comigo também. Essa pena será por uma vida toda, e mesmo quando eu morrer ela terá reflexos na vida dos meus filhos (O Globo, 29/6/2000).

Ainda que por necessidade de notícia bastante distinta das dos autores do discurso de dissenso, a tentativa de Estevão de promover sua cassação como um acontecimento com a mesma dimensão da injustiça sofrida por Barbosa — "uma pena para toda uma vida" e "com reflexos sobre a vida dos meus filhos" — revela que, mesmo operando em pequenas frestas, a representação da morte do ex-goleiro como momento reparatório encontrou terreno para fertilizar. Registre-se que o senador não nega, embora não o explicite, que Barbosa tenha falhado, mas, sim, queixa-se da pena imposta ao ex-goleiro, o que poderia ser entendido como uma tentativa de promover sua eventual participação em irregularidades como algo não tão grave. Ou seja, relativizaria a culpa de Barbosa, para diminuir sua própria pena.

O próprio box em que *O Globo*, na mesma edição, apresenta o ex-goleiro aos leitores da editoria de Política avaliza a versão de Estevão sobre Barbosa como vítima, ainda que as necessidades de notícia do jornal e do senador sejam diferentes: "Barbosa passou para a história como um dos culpados pela perda da Copa de 50. Uma injustiça. O gol de Gigghia [...] e deu início à fama de frangueiro a um dos melhores goleiros brasileiros de todos os tempos."

É importante ressaltar, no entanto, que essa forma de promoção do 16 de julho ainda se dava no marco do período de luto dedicado à morte do goleiro, apenas pouco mais de dois meses antes, e não seria sustentada ao longo do tempo, como se examinará ao fim deste capítulo. Mesmo que não hegemônica, a promoção da morte de Barbosa como acontecimento reparatório também exerceu influência sobre a experiência do público.

Cinquenta anos após ser responsabilizado pelo mais perturbador silêncio da história do futebol brasileiro, Barbosa voltou a silenciar o Maracanã. No primeiro jogo do Vasco após sua morte, contra o Botafogo, em 9 de abril de 2000, ele foi homenageado com um minuto de silêncio pelos 70.494 torcedores dos dois clubes, jogadores, árbitro e seus auxiliares. Em sinal de luto pela morte do ex-goleiro, os jogadores do Vasco usaram uma fita preta presa à camisa.

O ato mais simbólico desse movimento reparatório, porém, foi registrado pelo *Jornal do Brasil* de 10 de abril de 2000, que exibiu a foto de um torcedor na geral — local do estádio no qual se reuniam, misturados com rivais, os torcedores de origens mais humildes — segurando uma cartolina ilustrada com duas cruzes de malta, símbolo do clube de São Januário, e a sentença: "Barbosa a culpa não foi sua". O que mais chama a atenção na foto é a idade do torcedor que "absolve" o ex-goleiro. Aparentando pouco mais de 20 anos, o jovem é uma materialização extremamente emblemática da influência do discurso do dissenso na experiência do público.

No endereço eletrônico de uma das principais páginas centralizadoras de noticiário sobre o Vasco,[43] a reelaboração de uma identidade positiva para o goleiro é ainda mais incisiva. Hospedado na seção destinada aos principais ídolos do clube, o texto sobre Barbosa o apresenta como "o

---

[43] Ver em: http://www.netvasco.com.br/historia/idolos/.

melhor goleiro de seu tempo" e "o jogador que mais títulos conquistou com a camisa cruzmaltina".

Depois de listar 14 títulos que aponta como oficiais[44] conquistados pelo goleiro, o site destaca sua participação decisiva na final do campeonato Sul-Americano, em 1948, quando defendeu um pênalti cobrado pelo craque argentino Labruna, do River Plate. Para realçar a necessidade reparatória da injustiça, a torcida lembra a longevidade da carreira de Barbosa: "Foi injustiçado por ter sofrido o gol que eliminou o Brasil da Copa de 50. Apesar disso, teve uma carreira de 27 anos, uma das mais longas do futebol brasileiro."

Como já visto, a objetividade é defendida pelos profissionais da notícia como pedra angular do jornalismo. Nesse marco, a parcialidade aberta é motivo de estranhamento para os jornalistas, sendo, no mínimo, passível de forte constrangimento para seus defensores. O conceito de parcialidade, no entanto, pode ser dividido em dois aspectos não inteiramente consistentes: a falta de "equilíbrio" entre pontos de vista concorrentes e a "distorção" tendenciosa e partidária da "realidade" (Hackett, 1993).

É à segunda que, em geral, a deontologia jornalística impõe restrições, por se opor explicitamente aos fundamentos da objetividade, tal como esta é percebida pelos jornalistas. No entanto, no cotidiano da imprensa, nem sempre a busca pela objetividade e pela exatidão — entendida esta como não distorção factual — são compatíveis. O equilíbrio noticioso, informado pela objetividade, leva os jornais, como norma, a reproduzirem as definições da realidade social determinada pelos paradigmas hegemônicos.

A aceitação da defesa de que a objetividade jornalística resulta numa visão "imparcial" dos fatos implicaria, entre outras coisas, jornalistas e jornais como observadores apartados da realidade social que noticiam e a idealização de uma imprensa que, quando usada "corretamente", seria neutra e destituída de valores, o que lhe permitiria garantir a veracidade da mensagem. No entanto, a rotulagem de uma ocorrência, a ser promovida ou não a um acontecimento, implica a existência de uma avaliação e de

---

[44] Campeão carioca em 1945, 1947, 1949, 1950, 1952 e 1958; municipal em 1945, 1946 e 1947; sul-americano em 1948; do Torneio Relâmpago em 1946; e do Torneio Início em 1945, 1948 e 1958. Alguns desses títulos foram obtidos em torneios menos tradicionais ou que perderam importância ao longo do tempo, como o Torneio Início. Jogado em partidas de dez minutos, ele tinha como critério de desempate o número de escanteios a favor de cada time. A lista do site não inclui o título do Rio-São Paulo de 1958.

um contexto. Longe de serem mediadores desligados da realidade social, os jornais são construtores ativos do mundo que noticiam.

A própria linguagem escolhida como transmissora do significado ou da veracidade supostamente inerente ao acontecimento já é denunciadora da internalização e da reprodução de valores e interesses dos seus usuários. Como lembra David Morley, a linguagem neutra, isenta de juízos de valor, "na qual os fatos puros do mundo pudessem ser registrados sem qualquer preconceito", é impossível, porque "as avaliações já estão implícitas nos conceitos, na linguagem em função da qual se fazem as observações e os registros" (Morley *apud* Hackett, 1993, p. 107).

Longe de neutros, os jornais não se limitam a identificar fatos que devam ser promovidos a acontecimentos. Nesse processo, lhes atribuem um contexto. O recurso à etiqueta ajuda a naturalizar o que é uma operação ideológica complexa e mobiliza todo o contexto referencial, com todos os seus significados e conotações. Para Stuart Hall, a realidade não deve ser entendida como mera série de fatos dados, mas como:

> O resultado de um modo particular de construção da rea-
> lidade. Os media noticiosos definiam, não se limitando a
> reproduzir, a "realidade". As definições de realidade eram
> sustentadas e produzidas através de todas aquelas práticas
> lingüísticas (em sentido lato) por meio das quais as defini-
> ções seletivas do "real" eram representadas. Isso implica
> o trabalho ativo de selecionar e apresentar, de estruturar
> e dar forma: não apenas a transmissão de um significado
> já existente, mas o trabalho mais ativo de dar significado
> às coisas" (Hall *apud* Hackett, 1993, p. 109).

O processo de construção social, no qual a linguagem e os jornais atuam, mais como agentes estruturadores do que como correias de transmissão neutras, não é, contudo, linear. Como visto durante o ritual da morte de Barbosa e a maneira como os jornais promoveram tal acontecimento, essa operação pode sofrer descontinuidades, ser passível de contestações capazes de também influenciar as experiências do público e deixar lacunas a serem preenchidas por novas reelaborações.

A representação pela imprensa do aniversário dos 50 anos do Maracanã, que coincidiram com o primeiro cinquentenário da derrota para o Uruguai, mostra que a promoção da morte de Barbosa foi mais um momento de suspensão de tensões e acusações do que a cristalização de uma nova identidade para o ex-goleiro.

4.4 Os dois 16

Só depois de participar e presenciar toda aquela experiência dramática me dei conta do quanto tínhamos sido irresponsavelmente precipitados. Do quanto nossa imaturidade merecera o castigo do gol do Gigghia

(Araujo Netto, Jornal do Brasil, 16/7/2000)

Estudiosos da sociedade chinesa detectaram curiosa ligação entre o número de óbitos de anciãs nos períodos próximos de rituais lunares. Pesquisas mostraram que um número significativo de idosas morria pouco depois daqueles rituais, fenômeno que era realçado pela comparação com a redução dos óbitos nessa faixa etárias nos dias que antecediam aos daquele calendário.[45] Era como se as mulheres "suspendessem" a própria morte até o cumprimento daquele ritual de passagem.

Pode-se aventar a hipótese de uma analogia inversa entre tal fenômeno e a morte de Barbosa, em 7 de abril de 2000, apenas dois meses e nove dias antes do aniversário de 50 anos da inauguração do Maracanã, a ser comemorado em 16 de junho do mesmo ano, e a três meses e nove dias da derrota para o Uruguai, no 16 de julho seguinte. De algum modo, pode-se identificar uma antecipação defensiva da lembrança do mito do "frango" nessas duas datas extremamente emblemáticas. Uma releitura dos jornais da época pode ajudar a compreender os temores do ex-goleiro sobre como os dois acontecimentos seriam promovidos pela imprensa.

"50 anos da casa do futebol — Maracanã, cenário de alegrias e decepções completa meio século." Assim *O Globo* sintetizou na capa de seu caderno especial, de 16 de junho de 2000, dedicado ao aniversariante, a historiografia do estádio. A menção às decepções, que, ao longo da edição, se resumiriam à derrota para o Uruguai, informava qual das diferentes identidades atribuídas pelos jornais a Barbosa seria hegemônica.

Além de ocupar duas das oito páginas do caderno, o fantasma do 16 de julho comparece em pelo menos duas matérias e no currículo resumido dos 50 craques escolhidos para sintetizar a historiografia do cinquentenário. Sob o título "Equipes que transformaram um sonho em futebol — O Vasco abre e fecha a lista de formações inesquecíveis dos

---

[45] Para um estudo sobre a relação entre morte e rituais lunares na China, ver Coulon (1995).

50 anos do Maracanã", o jornal faz uma releitura dos significados e dos sentidos atribuídos à derrota para o Uruguai.

> O Maracanã ainda cheirava à tinta e a derrota na Copa do Mundo abalava as estruturas do futebol brasileiro. Nossos craques tinham falhado. Mas não se abatido. Quem viu o Expresso da Vitória, base da seleção, atravessar a década de 40, entrar nos anos 50 e, mesmo depois do trauma da Copa seguir brilhando, teve certeza disso.

Ao mesmo tempo em que apresenta o vice-campeonato como produto de "uma falha", o jornal compartilha da promoção da derrota como página a ser superada. O paradigma da "volta por cima" ou da "pedagogia da derrota" será aprofundado por João Máximo, em artigo, de 16 de junho de 2000, com título e *soutien* autoexplicativos: "Quem estava lá não podia adivinhar — Foi com o fracasso em 50 que o Brasil começou a ser tetra." Máximo atribui à imaturidade do povo, da nação, dos jogadores, dos dirigentes e "da crônica esportiva" a maximização da derrota.

> No nosso despreparo, achávamos que nada era mais importante para o Brasil do que ganhar uma Copa do Mundo. E sofremos também porque nosso primeiro pressentimento, ao final do apito de mister George Reader, foi o de que "nunca mais" seríamos campeões do mundo. Chance como aquela, os deuses não nos dariam outra.

Um dos principais defensores na imprensa da promoção do 16 de julho como acontecimento pedagógico para o amadurecimento do futebol brasileiro, o jornalista atribui nova referência temporal àquela data: "A partir do Maracanã, ou daquela derrota, o futebol brasileiro começou a entrar na idade da razão." E ainda: "Amadureceram os jogadores, amadureceram os treinadores, amadureceram os torcedores e amadurecemos nós, os da chamada crônica esportiva."

A dubiedade sobre o caráter da promoção do legado de 1950 não se restringe a essa visão, que, ao mesmo tempo em que relativiza a derrota, não se apropria do vice-campeonato como acontecimento positivo. Tal forma de promoção do 16 de julho permeia todos os momentos em que o acontecimento é retomado pelo jornal. Na página seis, dedicada ao testemunho dos vencedores, *O Globo*, que enviou um repórter a Montevidéu exclusivamente com essa finalidade, sentencia: "Derrota inesquecível — Depois que o Brasil goleou a Espanha por 6 a 1, na Copa de 50, ninguém mais tinha dúvidas de que aquele estádio tinha nascido para triunfos. Mas veio o Uruguai poucos dias depois. Pode existir por mais mil anos que o Maracanã não conseguirá se dissociar daquela tragédia."

A promoção da derrota como aprendizado para o tetra informa a cobertura sobre a versão dos uruguaios. Sua adoção não oculta as tensões de um discurso que articula a valoração dos vencedores, a promoção da derrota como acidente e uma visão prospectiva, da qual resulta o Brasil como único país tetracampeão e o Uruguai como sinônimo de decadência futebolística.

Três textos sintetizam esse equilíbrio delicado. "Ali estão alguns remanescentes da maior façanha esportiva da História do Uruguai, os sobreviventes da tarde inesquecível em que fizeram os vizinhos do Norte, daquele país gigante, chorar a mais dolorosa das derrotas. Eles são os campeões do mundo de 1950." Numa matéria na mesma página, o título "A decadência — Êxodo cada vez maior asfixia o futebol uruguaio" reforça a promoção da derrota como acontecimento pedagógico e reparatório. "Pode até ter sido involuntário — mas a vingança foi maligna para os carrascos de 1950. A vida fez a volta e, hoje, o futebol uruguaio está morrendo por causa do êxodo que leva jogadores ainda adolescentes a deixarem o país rumo à Europa."

Mais: "[...] o cinqüentenário do bi mundial chega com o Uruguai sem supercraques, confinado à vala comum do futebol sul-americano, atrás de Chile, Paraguai e Colômbia e a léguas de Brasil e Argentina". O título que encabeça a página sete completa essa releitura e releva, mais uma vez, as tensões que fundam a nova promoção do 16 de julho: "O palco da seleção — A história da equipe brasileira no estádio registra mais alegrias que tristezas. Foi o palco de memoráveis vitórias. Em geral, carimbando o passaporte do Brasil para as Copas do Mundo."

Dessa promoção dúbia do 16 de julho, resulta um Maracanã como principal território da seleção e que "registra mais alegrias que tristezas", mas, mesmo que exista "por mais mil anos, não poderá se dissociar daquela tragédia". Como um estádio que registra mais alegrias que tristezas pode ter eternizada sua associação à tragédia? Ou de outra forma: por que uma tragédia eternizada é incapaz de impedir que a glória seja a principal marca do Maracanã?

A tensão que marca a promoção do 16 de julho reflete-se na escolha e na apresentação dos "50 craques da Era Maracanã" eleitos pelo jornal.

Incluído na lista, Barbosa é apresentado assim: "Maior goleiro brasileiro nos anos 40 e início dos anos 50. Garantiu o título sul-americano do Vasco em 1949,[46] ao defender um pênalti na final. Titular da seleção por quase dez anos, ficou marcado pela derrota do Brasil na Copa de 1950."

Dos presentes ao 16 de julho, a relação inclui ainda Ademir ("Foi artilheiro da Copa do Mundo de 50 com nove gols"); Bauer ("Estava na equipe derrotada pelo Uruguai na final da Copa de 50, mas manteve o prestígio"); Danilo Alvim ("Possuía tanta técnica que ninguém percebia que tinha uma perna mais curta") e Zizinho ("Foi o Pelé de sua época"; "O maior jogador do Brasil de todos os tempos até a chegada do Rei"). Dos cinco titulares de 1950 incluídos na lista, à exceção de Bauer, os demais eram falecidos à época em que foi publicada. O fato de quatro não estarem mais vivos e 10% dos eleitos fazerem parte do time vice-campeão representa, 50 anos depois, um reconhecimento e uma reverência do jornal aos integrantes daquela equipe.

No entanto, como o investimento na vitória era proporcional à qualidade reconhecida nos jogadores, que se realimentava dos resultados obtidos, essa aceitação não se estende à promoção do vice-campeonato. Ao mesmo tempo, o distanciamento do 16 de julho parece cristalizar a associação da derrota a Barbosa, único entre os eleitos a ter seu nome vinculado de forma negativa à não conquista do campeonato. A percepção é fortalecida pela não menção do "fantasma" de 1950 nos currículos de Zizinho e Danilo Alvim, além da ausência na lista dos "50 da Era Maracanã" de outros "culpabilizáveis" como Bigode e Juvenal.

Na edição do *Jornal do Brasil* do mesmo dia, os 50 anos do Maracanã foram promovidos como elegia ao futebol brasileiro e ao estádio: "uma obra dos homens com status de cartão postal do Rio de Janeiro". Já no título — "Parabéns para o Maracanã — Estádio comemora hoje cinqüentenário e inaugura com festa o hall da fama" — o *JB* antecipa a intenção de representar os 50 anos como "uma história de grandes lances, glórias, emoções".

A única referência a decepções restringe-se ao segundo parágrafo do texto, no qual é lembrado que o Maracanã foi construído para sediar a Copa do Mundo de 1950, "na qual o Brasil perdeu a final para o Uruguai por 2 a 1, enchendo o estádio de lágrimas". A promoção como exaltação

---

[46] *O Globo* se equivoca em relação ao ano do título. Como já visto, o Vasco conquistou o Sul-Americano em 1948, e não em 1949, como afirma o jornal, que, em outras edições, registra o ano corretamente.

do estádio e do futebol brasileiro repete-se na coluna de Sérgio Noronha. Sob o intimista título "Meu amigo gigante" e sem nenhuma menção à Copa de 1950, o colunista opta por um tom saudosista, que remete a seu convívio com nomes emblemáticos da imprensa brasileira, como João Saldanha e Nelson Rodrigues, e com jogadores e lances marcantes que testemunhou no estádio.

Ao optar pelo quase "apagamento" da Copa de 1950, o *JB* aponta para um dos desdobramentos previsíveis da "pedagogia da derrota": transformar o 16 de julho quase num detalhe no cinquentenário do estádio que virou metonímia do então único país tetracampeão mundial. Esse tipo de promoção faz o 16 de julho resultar numa referência temporal esmaecida, quase eclipsada pelo 16 de junho.

No *Jornal dos Sports*, o 16 de junho foi promovido como "Meio século de paixão", em conforme com o título do caderno especial dedicado ao aniversário do estádio. O texto da primeira página condensa a cobertura que se segue nas 11 páginas seguintes:

> Muitos, ainda hoje, preferem associar o Colosso do Derby à derrota para o Uruguai, na Copa do Mundo de 1950. Mas a verdade é que o Maracanã, pelos craques que viu desfilar por seu gramado, pode hoje orgulhar-se de ter-se transformado num templo sagrado do futebol, temido, invejado e admirado nos quatro cantos do planeta.

Embora não haja uma página exclusivamente dedicada a ele, o "fantasma" da derrota comparece ao longo da cobertura, principalmente nos depoimentos sobre sua relação com o estádio de ex-integrantes daquela equipe, como Jair Rosa Pinto. O *lead* da matéria da página seis — "Cimento, ferro & lágrimas" — revela que o recurso à não notícia não foi a única forma de lidar com aquela ocorrência: "São 50 anos de muita emoção, na tristeza e na alegria, talvez muito mais tristeza pela dor da perda da Copa de 50, quando todo o mundo apostava no Brasil" (grifo nosso).

Dessa forma, o mesmo jornal faz dois balanços antagônicos sobre os 50 anos do estádio. Na sua capa, afirma que o 16 de junho se impõe ao 16 de julho como referência temporal. No entanto, cinco páginas depois, o 16 de julho parece retomar a hegemonia do acontecimento, associando a comemoração a "muito mais tristeza" do que alegria. Diferentemente de *O Globo*, que elegeu os 50 nomes mais marcantes do período, o *JS* optou por publicar a lista dos "41 mais notáveis" e dos "10 principais artilheiros" que passaram a integrar o Hall da Fama do Maracanã[47]. Mais uma vez presente, Barbosa personifica a tensão entre o 16 de junho e o 16 de julho.[48]

Na cobertura do *Lance!*, a tensão entre os dois dias 16 também se faz presente. Logo no *lead* da primeira das quatro páginas destinadas ao acontecimento, o jornal busca uma síntese para necessidades diferentes de acontecimentos em relação ao fato. Depois de lembrar que o estádio fora especialmente construído para sediar a primeira Copa do Mundo a ser conquistada pelo Brasil, o jornal acrescenta que "por um tempo o Maracanã teve de sobreviver ao trauma causado pela surpresa uruguaia na final de 1950".

A seguir, no entanto, o 16 de julho é reelaborado como uma referência temporal restrita ao passado, sendo o futuro informado pelo 16 de junho: "Os anos passaram e, de lá para cá, as tristes lembranças daquele Mundial aos poucos foram se misturando com a festa que só o futebol é capaz de proporcionar."

A reelaboração para a derrota funciona como uma senha para promover a historiografia do Maracanã como acontecimento marcado pelas glórias e pelas conquistas do futebol nacional. Essa construção é realçada pela reprodução de depoimentos de personagens representativos dos 50 anos do estádio, como Nilton Santos, Roberto Dinamite e Zico, todos destacando o Maracanã como território privilegiado do futebol brasileiro.

Embora apontada como a primeira das 11 datas referenciais eleitas pelo *Lance!* para sintetizar a historiografia do cinquentenário, o 16 de julho não volta a ser mencionado em qualquer outro trecho da cobertura. Pela primeira vez, ao referir-se ao Maracanã, um jornal transforma a derrota para o Uruguai e Barbosa em não notícia. Tal opção poderia sugerir, numa primeira leitura, a superação do 16 de julho pelo 16 de junho. A continuidade da pesquisa nos jornais, no entanto, parece não sustentar

---

[47] A lista foi escolhida por uma comissão formada por seis jornalistas e radialistas — Armando Nogueira, José Carlos Araújo, Luiz Mendes, Washington Rodrigues, Orlando Batista e Milton Neves — nomeada pela Superintendência de Desportos do Rio de Janeiro (Suderj), órgão do governo do Estado do Rio de Janeiro então encarregado de administrar o Maracanã. Como seis jogadores (Garrincha, Bebeto, Dida, Roberto Dinamite, Romário e Zico) se repetiram nas duas listas, foram incluídos novos nomes no grupo dos notáveis. Diferentemente da lista de *O Globo*, a do Hall da Fama incluiu jogadores que, mesmo não tendo atuado em clubes do Rio, jogaram no Maracanã por seus times ou pela seleção brasileira. Garrincha e Pelé receberam homenagens especiais.

[48] Além de Barbosa, foram escolhidos para o Hall da Fama os seguintes titulares da seleção de 1950: Ademir, Danilo Alvim, Jair Rosa Pinto e Zizinho. A única diferença em relação à lista de *O Globo* é a substituição de Bauer por Jair, revelando certa padronização no reconhecimento aos craques daquele time.

essa forma de promoção da Copa de 1950, ou, ao menos, revela estar longe de ser hegemônica.

Um balanço da cobertura dos jornais sobre os 50 anos do Maracanã revela que as necessidades diferentes de notícias sobre o 16 de junho como data de referência que informa o passado e o futuro resultaram na quase "eclipsação" do 16 de julho. Essa forma de promoção vai, porém, passar por nova reelaboração na cobertura do cinquentenário da derrota para o Uruguai, apesar do espaço mais modesto destinado pelos jornais ao segundo evento. O título da edição de *O Globo* de 16 de julho de 2000, por exemplo, parece apontar para um olhar distanciado: "Copa de 50: reflexões de vitoriosos e derrotados." O *soutien*, no entanto, encarrega-se de desfazer qualquer impressão de neutralidade nessa revisita ao passado: "A tristeza dos campeões."

Logo na abertura da matéria, porém, o jornal retoma o paradigma da "pedagogia da derrota": "Há 50 anos o Maracanã calou-se em forma de tragédia. Mas, passados tantos anos, há quem sustente que a bola chutada por Gigghia foi, na verdade, a redenção do futebol brasileiro." Essa construção é reforçada pelo testemunho dos vencedores, muitos dos quais consideram "o Maracanazo — como os uruguaios referem-se à vitória naquele 16 de julho — uma maldição", fábula que se sustentaria por aquela ser a última conquista expressiva do Uruguai em Copas do Mundo.

Para contrastar a promoção da derrota como acidente, a matéria também busca valorar a vitória, recorrendo ao principal craque brasileiro: "Se pudesse jogava no time deles. O Uruguai era melhor", afirma Zizinho. Apesar das nuanças, a matéria acaba por promover a "pedagogia da derrota" como síntese dos 50 anos.

No *Jornal do Brasil*, a lembrança do cinquentenário de 16 de julho já fora antecipada na edição de 28 de junho de 2000, dia de mais uma partida da seleção contra os uruguaios, dessa vez pelas eliminatórias para a Copa do Mundo de 2002. Apenas 12 dias depois de tratar o 16 de julho como referência temporal restrita ao passado, o *JB* mostra, já no título no alto de uma das duas páginas destinadas ao jogo, que aquele acontecimento também continua informando o futuro: "Uruguaios, os fantasmas do meio-dia — Jogadores minimizam derrota de 50. Passarela diz que não teme o Brasil".

A matéria é quase integralmente destinada a confinar o 16 de julho a uma data referencial do passado. Alguns trechos sintetizam tal forma de promoção. "Fantasmas do meio-dia. É dessa maneira que os jogadores uruguaios campeões do mundo em 1950 que vieram ao Rio assistir à partida entre Brasil e Uruguai estão sendo vistos na Seleção Brasileira." Para o então treinador brasileiro, Wanderley Luxemburgo, "estão procurando fantasmas onde não há". Ele apresenta um argumento que considerava "definitivo" para exorcizar o falso fantasma: de todos os integrantes da seleção, apenas o assessor de imprensa, Carlos Lemos, era nascido em 1950: "Só que o Seu Lemos não joga", acrescentava Wanderley.

No entanto, na matéria ao lado, embaixo de uma enorme foto do lateral esquerdo da seleção em 1950, o *JB* mostra como as necessidades diferentes de promoção do 16 de julho dificultam a formulação de uma síntese final capaz da aprisionar a derrota no passado: "A emoção de Bigode — Lateral da Seleção em 1950 volta ao Maracanã e chora diante do Hall da Fama."

A matéria no canto esquerdo inferior da mesma página, encabeçada por fotos de quatro integrantes da seleção uruguaia de 1950, completa a tentativa de promover mais uma partida entre os dois países como um acerto de contas com o passado e de uma busca de uma explicação definitiva capaz de encerrar o debate sobre a derrota, embora, até aquela data, o Brasil tivesse vencido 37 das 77 partidas disputadas, contra 22 obtidas pelo adversário, tendo havido ainda dois empates: "Heróis de volta — Quatro 'fantasmas' uruguaios revivem o título de 1950."

O "fantasma" da derrota volta a se materializar na ampla cobertura destinada pelo *Jornal do Brasil* aos 50 anos do 16 de julho. Já nos títulos, as três matérias que dão conta do episódio tratam o 16 de julho como data referencial indispensável para o país: "Tragédia no Maracanã faz 50 anos — Derrota do Brasil para o Uruguai por 2 a 1 na final da Copa do Mundo de 50 foi o mais triste episódio do estádio"; "E a gente perdeu..." e "Lição de racionalismo — Testemunha da tragédia de 50, correspondente do *JB* relembra erros do Brasil".

A primeira matéria promove o 16 de julho como a construção de uma vitória tão irreversível e arrasadora que resultou numa impossibilidade de aceitação da derrota. O texto começa lembrando o "silêncio pesado" que se seguiu ao fim da partida com os uruguaios, causado por uma derrota que "entristeceu as tardes, não só dos espectadores, como de todos brasileiros que acompanhavam a decisão pelo rádio".

A matéria também inscreve o 16 de julho definitivamente no 16 de junho, ao anunciar: "Era encerrado logo na inauguração do estádio o capítulo mais trágico da história dos 50 anos de existência do Maracanã, completados no último dia 16 de junho." E argumenta que a perspectiva da vitória tornou-se irreversível, porque "a campanha da Seleção Brasileira até a final da competição encheu de entusiasmo o mais pessimista dos torcedores". Após relembrar a arrasadora campanha do Brasil "antes da fatídica partida", o jornal acrescenta: "Pronto. Faltava apenas a partida final, contra o Uruguai."

Depois de reconstituir o clima de otimismo da época, o *JB* atribui ao mito "da tradicional garra uruguaia", "comandada por Obdúlio Varela", a vitória dos adversários. A expectativa da vitória, no entanto, não é a única "culpada" pela derrota. Ao fim da matéria, um penúltimo parágrafo, quase casual, recorda que a bola chutada por Ghiggia "passou entre o goleiro Barbosa e a trave esquerda". E lembra o depoimento de Barbosa "à época": "Dei um pulo e toquei na bola. Um segundo depois olhei para o gol e vi as redes balançando. Pensei: a bola está do lado de fora. Quando me levantei, o Maracanã estava mudo. No centro do campo os uruguaios se beijavam."

Ao optar por citar, entre os 22 jogadores presentes em campo, apenas Obdúlio, Ghiggia e Barbosa, o *JB* sintetiza, conscientemente ou não, o 16 julho em três personagens: "o comandante da vitória", "o autor do gol decisivo" e "o culpado pela derrota". Ressalte-se que, embora o jornal não reafirme qualquer acusação formal ao goleiro, esta fica implícita na decisão de reproduzir o lance do gol e eleger um depoimento de Barbosa para explicar a derrota, naturalizando o senso comum do "frango". Essa promoção do acontecimento é reforçada pelo não declarado, ou seja, pela não menção a qualquer um dos demais 19 personagens do 16 de julho.

Essa construção é reafirmada quando o jornal decide introduzir um quarto protagonista na reconstituição do cinquentenário da derrota: Zizinho. Logo na abertura da matéria em estilo pingue-pongue (perguntas e respostas) — "E a gente perdeu..." —, o jornal conta que para obter a entrevista concordara com a exigência do ex-craque de não falar sobre o 16 de julho. O acordo é cumprido em praticamente toda a entrevista. No entanto, logo na primeira pergunta, referente ao livro que o ex-jogador estava lançando, o próprio Zizinho toma a iniciativa de tocar no assunto tabu.

> Rapaz, não é que assim que acabou a final da Copa de 1950 me bateu na cabeça: esses caras jogaram com um sistema que eu conheço! [...] Eu conhecia desde garoto [...] E a gente perdeu [...]. Mas não vamos falar em 1950. Não agüento mais isso, há 50 anos as mesmas perguntas! Veja: o telefone não parou de tocar essa semana, todo mundo querendo falar de 1950 (Aponta para o telefone tocando seguidamente).

A associação de Zizinho a 1950, feita, espontaneamente, ao responder a uma pergunta sobre o livro de táticas de futebol que escrevera, revela a consciência que ele tinha da eternização da referência de seu nome à derrota para o Uruguai. No entanto, embora parte desse recomparecimento fosse provocado pelos jornais, estes não restringiam a representação do ex-craque à tragédia. A própria concordância do *JB* com a exigência de, em pleno cinquentenário do 16 de julho, não tocar no assunto revela a amplitude do discurso polissêmico adotado pela imprensa sobre o meio-campista.

É verdade que se pode argumentar que a atualização do 16 de julho estava implícita na própria data e no contexto em que se realizava a promoção do evento. O acordo com o ex-craque, no entanto, foi cumprido na íntegra durante a entrevista. A menção à Copa de 1950 somente foi retomada, de passagem, em duas ocasiões por iniciativa do próprio entrevistado, sem que fosse para isso provocado e sem que o repórter aproveitasse a oportunidade para estender-se no assunto.

Na primeira vez, para criticar o sistema defensivo brasileiro, comparado por ele a "um botequim, de tão aberto". E na segunda, ao reclamar da sua não convocação para a Copa de 1954, na Suíça, depois de liderar um movimento para reivindicar premiação maior para os jogadores em caso de conquista do título: "Aquela injustiça me tirou a possibilidade de ganhar uma Copa depois de 1950." Impossível pensar na repetição da mesma forma de promoção do 16 de julho numa eventual entrevista com Barbosa.

É na terceira matéria — "Lição de racionalismo — Testemunha da tragédia de 50, correspondente do *JB* relembra erros do Brasil" —, no entanto, que o balanço sobre o 16 de julho e suas consequências ganham tratamento mais elaborado. Assinado pelo correspondente do jornal na Itália, Araujo Netto, que, em 1950, era editor interino de Esportes da *Tribuna da Imprensa* e comentarista da Rádio Inconfidência Mineira, o artigo tem tom intimista.

O jornalista apresenta o Maracanã como "a melhor escola de vida que freqüentei": "Onde aprendi a perder — e, perdendo, descobri que o bom negócio é ser racional até na hora da paixão impetuosa e cega." Para tentar resolver a saliente contradição que resulta da tentativa de fundir razão e paixão, secular e sagrado, o autor opta por uma regressão ao passado e também abraça o discurso sobre a pedagogia da derrota.

Ele atribui "o silêncio sepulcral" que se abateu sobre o Maracanã ao fim da partida ao fato de os brasileiros terem sido "irresponsavelmente precipitados". Netto diz que, somente após "participar e presenciar toda aquela experiência dramática", deu-se conta "do quanto nossa imaturidade merecera o castigo do gol do Gigghia". Ele relembra as dificuldades para derrotar os uruguaios na Copa Rio Branco, para afirmar que "nosso otimismo exagerado, levou um povo inteiro, os 50 milhões de brasileiros que éramos há 50 anos, a esquecer e não querer refletir" sobre as dificuldades enfrentadas apenas pouco mais de dois meses antes contra os mesmos adversários.

Na reelaboração do 16 de julho, diz-se agradecido à derrota pela "escola de vida e de racionalismo que o Maracanã foi para o jornalismo esportivo, para a torcida e sobretudo para técnicos e jogadores do futebol brasileiro". Ele resume a pedagogia da derrota, sintetizando seu aprendizado principal numa "lição de humildade". No entanto, como no discurso dos outros positivistas, a construção de Netto sobre a derrota como base para as futuras vitórias exclui a valoração do vice-campeonato como parte integrante desse aprendizado: "Só quem não aprende a perder se condena a ficar no quase: a ser vice pelo resto da vida."

O jornalista faz questão de ressaltar que seu discurso sobre o cinquentenário do 16 de julho é um desdobramento das reflexões feitas na crônica que publicou sobre o assunto no dia seguinte à derrota na *Tribuna da Imprensa*. Intitulada "Terminou o Campeonato Mundial. Vinte anos depois a Copa do Mundo regressa a Montevidéu", a crônica é uma exaltação aos vencedores, refletida na redescoberta da "mística" da "camisa uruguaia", em contraponto à não história do futebol brasileiro até então: "Perdemos e sofremos demasiadamente, mas uma verdade deve ser dita: somos ainda muito pequenos, muito crianças no esporte. Tanto que não temos sequer uma camisa para honrar e vencer". Na crônica, ele previa que, somente após "amadurecermos, ganharemos, como os uruguaios, muitas copas e teremos tantas lendas a contar": "Esta a lição da tragédia grega de 50", concluía no dia seguinte à derrota.

É emblemático que, ao recorrer à razão para fugir das armadilhas da paixão, o jornalista não veja na recusa à valoração do vice-campeonato uma manifestação da imaturidade que condenara 50 anos antes nos brasileiros. Ou seja, ao mesmo tempo em que clama por um povo e um país mais racionais e menos suscetíveis a otimismos irracionais, o discurso positivista, mesmo quando "o país já tem muita copas e lendas para contar", recusa-se a incluir entre seus feitos o vice, o que significa ser o segundo melhor do mundo antes de atingir o zênite. E continua a tratá-lo, não como o segundo melhor entre 13 competidores, como fazem povos que o jornalista, talvez, considere "mais maduros", mas como o primeiro dos últimos, como "o quase". Seria racional, em meio ao caminho para as glórias, não valorizar ser o segundo melhor na quarta Copa do Mundo? Essa hierarquização, como se examinará mais adiante, continuará norteando os discursos hegemônicos e do dissenso mesmo após o cinquentenário do 16 de julho.

4.5 A eterna maldição do vice

Saio do Brasil com a obrigação de ganhar. Aqui, segundo lugar é o último. Meu filho ontem me disse: 'Pai, segundo lugar é o primeiro dos últimos'.

(Luiz Felipe Scolari, treinador da seleção brasileira na Copa de 2002, O Globo, 7/5/2002)

Uma das dificuldades de origem na crítica de outros ramos da comunicação ao texto jornalístico é a tendência a tratá-lo como uma espécie de sociologia malposta ou mera propaganda ideológica. Tal abordagem peca por ignorar especificidade fundamental do jornalismo. Diferentemente do texto sociológico, que busca o conhecimento junto aos processos sociais, a notícia intenciona ajudar a familiarizar os leitores com os acontecimentos diários. Jornalistas contam histórias, que mobilizam personagens, ações, cenários, tempo, motivações, procedimentos. Sem um contexto social mais amplo que informe a construção das notícias, leitores, sem outras fontes de informação, têm menos condições para avaliar se elas representam episódios isolados ou não.

Nesse processo singular, a objetividade, como já visto, é a pedra angular do texto jornalístico. A lembrança, porém, não pretende ignorar que, longe de uma questão dada, a objetividade, como processo socialmente construído, é fortemente informada pelas ideologias dominantes. A especificidade do jornalismo é como esse processo é apresentado ao público. A promoção dos 50 anos do Maracanã sugeria, ainda que de forma tensa e contraditória, que, após a morte de Barbosa, a imprensa adotava um discurso polissêmico na construção de nova identidade para o ex-goleiro. No entanto, com a proximidade de mais uma Copa do Mundo — período em que os jornais condensam com mais radicalidade os arquétipos que fundam os mitos do futebol —, a imprensa parece retomar o paradigma do "frango".

"Marcos se sente um novo Barbosa — Entre o realismo e a amargura, goleiro sabe que está mais para vilão do que herói." Assim, em sua edição de 19 de abril de 2002, *O Globo* informa que, passado o período de luto, marcado pela suspensão das tensões e das acusações, o jornal volta a identificar Barbosa com a derrota, com a culpa. Ainda que o *Aurélio* dicionarize "desprezível" como uma das definições mais recorrentes para "vilão", a transposição da linguagem formal para o mundo do futebol mediada pela imprensa passa por nuanças que lhe atribuem valores menos literais.

Assim, parece mais preciso entender "vilão" como mais próximo de "culpado" do que de "desprezo". O discurso desenvolvido por Marcos, goleiro titular da seleção na Copa de 2002, parece reforçar essa apropriação, ao dar curso a um movimento antecipatório de defesa contra acusações de eventuais falhas: "O goleiro só é ouvido para explicar fracassos. Não tenho nenhuma ilusão de mudar minha vida com o Mundial. Da maneira como o país entende o futebol, sei que nós, os goleiros, estamos mais para novos Barbosas do que para heróis."

Como defende David Morley, mais relevante do que o equilíbrio na cobertura dos acontecimentos é o enquadramento conceitual e ideológico básico pelo qual os acontecimentos são apresentados e "em conseqüência do qual eles recebem um significado dominante/primário" (Morley, 1976 *apud* Hackett, 1993, p. 121). Esse enquadramento não se dá, obrigatoriamente, por uma atitude consciente dos jornalistas. Não é incomum que resulte da internalização pelos profissionais da notícia do enquadre do mundo social que contextualiza a notícia. Como já examinado, a notícia e as ideologias dominantes estão, em geral, imbricadas.

A desconstrução do texto jornalístico deixa à mostra a hierarquização dos discursos e como essa hierarquia é constituída a partir da naturalização de uma dada realidade social. A narrativa jornalística procura, como norma, restringir significados, atribuir sentidos e articular aspectos isolados da interpretação. O objetivo, consciente ou internalizado, dessa operação levada a cabo pelo jornalismo é produzir e divulgar uma visão dos acontecimentos sociais que admita a existência "de formas institucionais de conflito, mas sem contradições fundamentais" (Hackett, 1993).

Como já visto, a análise das necessidades de acontecimentos e os métodos pelos quais eles têm acesso aos jornais determinam, em boa medida, a experiência dos públicos. O discurso binário de Marcos deixa pouca margem para dúvidas sobre como, independentemente da busca por um maior equilíbrio na cobertura da morte de Barbosa, o contexto no qual esse acontecimento foi promovido determina a experiência do público, inclusive dos integrantes do "público interno" do qual os jornais extraem as notícias.

O Globo, que, durante o ritual da morte, não apenas suspendera as acusações ao ex-goleiro, como buscara absolvê-lo pela derrota, apresenta Barbosa aos novos leitores como "titular da seleção brasileira, que perdeu a Copa do Mundo de 1950, no Maracanã, para o Uruguai, considerada a maior tragédia do esporte no país". E acrescenta: "Ele foi massacrado até a morte, acusado de ter falhado no segundo gol uruguaio, num chute de Gigghia, em que a bola passou entre a trave e seus braços."

O mesmo jornal que, em 8 de abril de 2000, quando da morte de Barbosa, enfatizara que ele fora "injustamente culpado pelo gol de Gigghia", passado o período de luto, adota discurso mais reticente, insinuando o fato de a bola passar "entre a trave e seus braços" como possível indício a justificar o "massacre" que o ex-goleiro sofrera.

O jornal não parece de acordo com o discurso determinista de Marcos sobre os goleiros, em geral, que reserva a eles apenas o papel de vilão. *O Globo* lembra a participação do próprio Marcos na conquista da Copa Libertadores da América, em 1999, pelo Palmeiras, competição na qual, segundo o jornal, ele "foi eleito o melhor jogador do torneio", para assegurar que goleiros também podem ser heróis. O jornal cita ainda Taffarel, que "na final da Copa do Mundo de 1994 garantiu o tetracampeonato defendendo um pênalti de Massaro".

O diário ressalva que "nenhum dos feitos" de Taffarel impediu que fosse acusado "pelos próprios dirigentes da CBF" de ter falhado na decisão da Copa América de 1995, "quando levou um gol de falta do Uruguai". O jornal recorda que Taffarel "chegou a abandonar a seleção", mas "deu a volta por cima e se tornou herói". Ao recorrer aos exemplos do próprio Marcos e de Taffarel, o jornal deixa implícito que, apesar das particularidades da posição de último homem, não se trata de destinar a Barbosa "uma vilania genérica", mas, sim, uma específica, provocada por não ter evitado o segundo gol uruguaio.

O mais doloroso numa estigmatização repentina não é a confusão do indivíduo sobre sua identidade, mas o fato de ele ter consciência sobre sua nova situação (Goffman, 1975). Ter consciência, no entanto, não significa, necessariamente, aceitação. Dessa dicotomia, resulta forte tensão entre identidade pública e identidade privada. Uma fonte de prova de que o indivíduo pode manter simultaneamente o domínio sobre os papéis de normal e estigmatizado vem das representações sociais entre iguais. É comum que pessoas normais, quando interagem entre si, imitem tipos variados de estigmatizados. Em circunstâncias iguais de interação, é comum que estigmatizados imitem tanto os normais quanto a si próprios. Recorrendo a jogos lúdicos, encenam cenas de degradação, nas quais alguns desempenham papéis caricatos de normais, enquanto outros interpretam papéis complementares, para, ao fim, explodirem numa rebelião substitutiva (Goffman, 1975).

Durante tais interpretações, não é rara a existência de referências ao estigma comum que, em geral, estão interditadas nas interações "mistas". Essa interpretação mais relaxada na região de fundo, à qual não devem ter acesso os normais, não significa, principalmente, uma alienação do indivíduo em relação ao seu estigma. O que ela mostra de mais relevante é que o estigmatizado, como os normais, tem sua socialização primária nas opiniões dos outros sobre pessoas como ele. Os estigmatizados diferem dos demais, acima de tudo, por terem uma razão especial para resistir à desqualificação do estigma, quando na presença dos normais, e um espaço privilegiado para expressá-lo, quando na ausência daqueles.

Numa versão não encampada por outros estudiosos do tema, o jornalista Roberto Muylaert sustenta que, durante um churrasco, realizado em 1963, em sua casa em Ramos, Barbosa teria queimado a trave na qual Ghiggia fez o segundo gol uruguaio.[49]

---

[49] A trave teria sido doada a Barbosa por Abelardo Franco, diretor da Administração de Desportos da Guanabara (Adeg), responsável pelos estádios da então Guanabara (Muylaert, 2000). Amigos íntimos do ex-goleiro, como Zizinho, no entanto, nunca confirmaram o episódio.

> De repente ele cerra os lábios. Acabou, não há mais trave, logo, não há mais gol. Para haver gol tem que ter a limitação dos paus, ninguém faz gol num campo aberto. Se não há mais paus, dois postes, travessão, então, não tem gol, não tem jogo, não tem campeonato mundial, não tem derrota, não tem silêncio aterrador no fim do jogo, nem o pesado e dramático arrasta-pés do pessoal indo embora, entremeado por alguns soluços abafados de tristeza, que ele ouviu, não só do público, mas também de diversos jogadores dentro do vestiário do Brasil (Muylaert, 2000, p. 32–33).

Fato concreto ou fábula, a busca da purificação pela liturgia da queima das traves representa mais um exercício de exorcização da derrota pela negativa tardia do objeto. A continuidade do acompanhamento do noticiário dos jornais revela que esse tipo de exercício pode, eventualmente, ter funcionado melhor como catarse para Barbosa e seus admiradores, sem, no entanto, ter interferência concreta na construção de sua identidade pelos jornais.

Tal fenômeno se dá porque normal e estigmatizado não são pessoas, mas perspectivas gestadas em situações sociais durante os contatos "mistos", em virtude de normas cumpridas que afetam a interação. Os atributos associados a um indivíduo de forma duradoura podem transformá-lo em alguém escalado para representar o papel de estigmatizado de forma continuada, naturalizando a referência a ele, como metonímia de determinado estigma. Não são, porém, os atributos estigmatizadores específicos que determinam a natureza dos papéis de normal e estigmatizado, mas a frequência e a intensidade com que esse indivíduo desempenha cada um deles.

O atributo do "frango" de 1950 associado a Barbosa pelos jornais para que fosse escalado para representar eternamente o papel de "responsável pela derrota" precisava, para tornar-se duradouro, ser cevado pelo reconhecimento do papel de "melhor goleiro brasileiro dos anos 40 e 50". A contradição aparente entre glória/tragédia, na verdade, revela que fama/glamour são duas partes constitutivas de um mesmo mito forjado pelos jornais. Só a possibilidade de glória constitui a tragédia e vice-versa.

Entretanto, o estigma que lhe era atribuído não era capaz de, isoladamente, determinar sua natureza de estigmatizado como "responsável pela derrota de 1950". Isso ocorre, principalmente, pela frequência com que ele é escalado para esse papel. A periodicidade é determinada, em grande medida, pelas necessidades de notícia dos jornais sobre a Copa de 1950, numa tentativa perene de reelaboração da derrota. Embora essa necessidade permaneça latente desde o 16 de julho, sua ativação se dá, como esta pesquisa busca comprovar, com maior intensidade em momentos particulares. A forma como os jornais promovem o 16 de julho o transforma numa data de referência que empresta simbolismos e sentidos particulares às partidas contra os uruguaios e a momentos decisivos para a seleção brasileira, principalmente em Copas do Mundo.

Às vésperas da Copa de 2002, na Coreia do Sul e no Japão, as associações Marcos/Barbosa e herói/vilão não são as únicas evocadas pelos jornais. O fato de essa ser a primeira Copa após a perda do título, na final com a França, em 1998, fortalece as analogias com 1950. Ainda que por necessidades de notícias diferentes, os dois vice-campeonatos atuam de forma a aproximar e, em algum grau, superpor as duas datas de referência.

"Brasileiro vive de emoção e não tem emoção maior do que ser campeão. Acho que por isso que nosso povo só aceita a vitória." Assim, *O Globo*, em sua edição de 21 de abril de 2002, reproduz avaliação do lateral esquerdo Roberto Carlos — apresentado pelo jornal como "vice em 98 e também em 91, no Mundial de Juniores" — sobre "a única maneira de entrar para a história do futebol tetracampeão".

Na mesma matéria, o jornal equipara a necessidade dos vice-campeões de 1998 de "dar a volta por cima" com a de jogadores que participaram de campanhas bem inferiores como as de 1966 e 1990[50]. *O Globo* fortalece a convicção de "que o brasileiro só aceita a vitória" no futebol, garantindo que a maioria dos vice-campeões de 1998 "sabia que a derrota para a França na final marcaria suas carreiras, mas não a ponto de serem tratados como perdedores". O jornal, porém, reproduz declaração do capitão da equipe de 2002, o meio-campo Emerson, que enxerga uma ligação entre a necessidade de notícia dos jornais e a dos leitores: "O povo até que nos recebeu quando voltamos ao Brasil. A crítica é que não aceitou a derrota na final. Foi um exagero." O mesmo Emerson, no entanto, algumas linhas mais adiante, parece reformular essa visão: "Não adianta ser vice. Mas talvez por isso sejamos os únicos com quatro títulos."

Na mesma matéria, o presidente da Confederação Brasileira de Futebol (CBF), Ricardo Teixeira, reafirma a máxima de que, no futebol brasileiro, a vitória é a única posição aceitável. Segundo *O Globo*, durante

---

[50] Em 1966, o país foi desclassificado na primeira fase; em 1990, nas oitavas de final pela Argentina.

reunião da Federação Internacional de Futebol Associado (Fifa), o presidente da Federação Espanhola, Angel Maria Villar, lhe afirmara que chegar às semifinais já seria um prêmio para a Espanha: "No Brasil, isso é impensável", respondeu Teixeira, de acordo com o jornal. Principal estrela da equipe, o atacante Ronaldinho[51] compartilha da mesma convicção de que o vice é apenas o primeiro dos últimos: "Somente o título fará as pessoas esquecerem a Copa de 98."

A percepção do vice como posição desonrosa e a afirmação de que essa percepção dos nacionais é responsável pelo Brasil ser o "único com quatro títulos" são formas de construção da derrota desenvolvidas pelos jornais que informam a frequência com que é associado a Barbosa o atributo de "responsável pela derrota". Mesmo depois de morto, esse atributo é atualizado pela necessidade de vitória no futebol e o caráter de missão que os jornais atribuem a tal necessidade, como mostra a saudação da chefe da equipe do voo que transportou a seleção brasileira à Malásia, para o último amistoso antes de estrear na Copa do Mundo de 2002:

> É uma grande emoção para todos tê-los a bordo. Qualquer brasileiro gostaria de estar em companhia de vocês, que têm pela frente importante missão. Confiamos plenamente na capacidade e na força da seleção brasileira. Esperamos voltar para buscá-los como pentacampeões do mundo (O Globo, 14/4/2000).

---

[51] Trata-se de Ronaldo Nazário, referido por alguns como Fenômeno, que, no início da carreira, era chamado por imprensa e torcida de Ronaldinho. Com o surgimento de Ronaldinho Gaúcho, foi mantido para este o tratamento no diminutivo associado ao seu estado de origem, enquanto o primeiro passou a ser tratado de Ronaldo ou, ainda, Ronaldo Fenômeno, como fora rebatizado pela imprensa italiana, quando atuou pela Internazionale de Milão.

CONCLUSÃO

*O goleiro só é ouvido para explicar fracassos. Não tenho nenhuma
ilusão de mudar minha vida com o Mundial. Da maneira como o
país entende o futebol, sei que nós, os goleiros, estamos mais para
novos Barbosas do que para heróis*

*(Marcos, goleiro da seleção brasileira campeã na Copa de 2002 antes
do mundial, O Globo, 19/4/2002)*

O estudo do papel da imprensa na construção da memória de 1950
a partir do exame do caso de Barbosa aponta questões que se estendem
para muito além dos objetivos propostos por este livro. Parece-nos, portanto, mais pertinente para este estudo reter alguns pontos examinados
e apontar desdobramentos que sejam passíveis de novos estudos.

Do examinado, resulta, entre outros pontos, o papel da imprensa
na atribuição de identidades variadas, que, embora soem às vezes contraditórias, revelam-se complementares. Detectaram-se pelo menos quatro
"identidades-mãe" atribuídas a Barbosa pelos jornais: "o melhor goleiro
do Brasil"; "o responsável pela derrota de 1950"; "o abandonado em busca
de socorro" e "o injustiçado". Embora passíveis de variações, elas dão
conta dos aspectos-chave que perpassaram sua trajetória dentro e fora dos
gramados; antes e depois da aposentadoria; em vida e depois de morto.

Passado o período de luto, no entanto, o discurso polissêmico retomado após sua morte parece destinado a ser substituído pelo retorno da
promoção de Barbosa pelos jornais como o culpado pela derrota. O relativamente curto distanciamento histórico entre seu desaparecimento e o
período de conclusão desta pesquisa impede, no entanto, uma afirmação
definitiva nesse sentido. Até porque o processo de reelaboração da sua
memória pelos jornais está imbricado com outros acontecimentos, como
a trajetória do futebol brasileiro nos próximos anos e sua apropriação e
sua representação pela imprensa.

Nesse processo, uma caminhada marcada por maior ou menor
sucesso resultaria em influências diferenciadas sobre a elaboração da
futura identidade do goleiro de 1950. Não parece ser difícil perceber que,
no caso de a seleção brasileira marchar para uma clara hegemonia no

cenário mundial, a percepção de sentidos sobre o 16 de julho guardará diferenças importantes do que na hipótese de o futebol brasileiro seguir o rumo da decadência trilhada pelo algoz uruguaio durante longo período. Nesse segundo caso, sentimentos de ordem saudosista podem ocupar espaços e fortalecer a exaltação de um passado idealizado.

Embora seja arriscada qualquer afirmação definitiva, é conveniente ressaltar que vitórias ou derrotas futuras, isoladamente, não serão totalmente decisivas para o processo de reelaboração de nova identidade para Barbosa pela imprensa. No caso de concretização do cenário da decadência, o saudosismo do passado idealizado poderia fornecer argumentos poderosos favoráveis à valoração de Barbosa, como "amor à camisa" ou "futebol arte". O mesmo cenário, porém, também poderia tornar mais penosa a "vergonha de 1950", com a perda daquele Mundial sendo vista como um desfalque importante a fragilizar a construção de um passado idealizado — "Pelo menos seríamos hexa, hepta ou octacampeões."[52]

No caso de um futuro vitorioso, a reelaboração sobre o 16 de julho poderia reforçar o processo de relativização da derrota já iniciado pelos positivistas. Uma compreensão mais generosa sobre Barbosa e seus companheiros, no entanto, poderia não ser suficiente para impedir que o estigma da derrota fosse elevado à condição de alerta permanente contra tropeços vistos cada vez mais como inaceitáveis, na hipótese de uma hegemonia brasileira inquestionável, ou no caso de um nivelamento com outras seleções na disputa pela supremacia do futebol mundial.

Tais dúvidas sobre as visões prospectivas da abordagem da imprensa, no entanto, não nos impedem de afirmar que a tendência é que o 16 de julho continue a ser representado como metonímia de fracasso, ainda que alguns "dos responsáveis por essa desonra" tenham conquistado o direito de serem eternizados no território em que se deu a derrota. O reconhecimento não implica a admissão do mérito do vice-campeonato.

---

[52] Importante recordar que esta pesquisa concluiu seu objetivo com o aniversário dos 50 anos da derrota para o Uruguai, antes da Copa de 2002, na qual o Brasil conquistou o pentacampeonato. Para não se distanciar excessivamente do objeto, optou-se, quando da republicação em 2024, por não tratar de outros eventos, como o emblemático 7 a 1 para a Alemanha, em 2014. Registre-se apenas que tal evento reposiciona a imagem pública de Barbosa e seus companheiros de 1950, devido a "uma vergonha maior", como o tratou a imprensa. A nova hierarquia, porém, não parece remover o caráter da derrota de 50, apenas a relativiza diante de resultado tão estrondoso. Tais questões, porém, são merecedoras de nova obra de maior fôlego, que possa contrastar os dois eventos e tirar consequências mais profundas do que esses breves comentários. Registre-se somente que o 7 a 1 não extrapolou do universo esportivo para um fenômeno social, como na Copa de 1950. Haja vista, apesar de o resultado ser considerado vergonhoso, inexistir eleição de vilão ou vilões a serem culpados.

Tal gesto simbólico tem como corolário o aumento da responsabilidade dos homenageados, numa interpelação a uma geração capaz de emplacar 10% dos nomes mais marcantes do cinquentenário do Maracanã de como puderam falhar em sua missão mais importante. E, como visto no exame do noticiário, aquele cujo nome permanece mais emblematicamente associado à derrota é Barbosa.

Tal acontece porque a identidade pública atribuída ao ex-goleiro, principalmente pela imprensa, transcende em muito a de um simples indivíduo e mesmo a de um importante protagonista do 16 de julho. Como argumenta Bion, a mentalidade do grupo é a expressão unânime do grupo, para a qual o indivíduo contribui por maneiras que não se dá conta, influenciando desagradavelmente o grupo sempre que pense ou comporte-se de modo que contrarie as expectativas dele esperadas por seus membros (Bion, 1975).

A cultura do grupo resulta do conflito entre os desejos do indivíduo e a mentalidade do grupo. Entre as questões que informam a constituição de diferentes grupos, três são particularmente importantes, conforme se buscará examinar a seguir. De uma forma ou outra, durante seu processo de socialização, todo indivíduo é levado a perceber que o bem-estar do grupo está acima do bem-estar individual. Numa hipotética necessidade de fuga, a preservação do grupo vem sempre em primeiro lugar. O indivíduo pode ser abandonado, porque, para o grupo, a necessidade suprema é a sua sobrevivência, não a do indivíduo.

O próprio Bion admite que tal concepção se choca com a ideia de um grupo reunido para efetuar um trabalho criativo, por transmitir a impressão de que o bem-estar do indivíduo não importaria desde que o grupo lograsse manter-se. Boa parte desse estranhamento, que identifica uma visão particularmente cruel com o indivíduo, tem suas raízes no pressuposto de que o homem, como animal gregário, procura um grupo para combater ou fugir de algo que o atemoriza.

Dessa suposição, resulta a importância dos líderes do grupo. Como os indutores iniciais que levam os indivíduos a procurarem o grupo são o desejo de combater ou fugir de algo atemorizante, líderes que não lutam nem comandam a fuga não são facilmente compreendidos. Este segundo componente leva à terceira suposição básica subjacente à formação do grupo: a de que este se reúne para obter segurança de um indivíduo, do qual depende. A diferença entre o que o grupo espera de tal indivíduo e o que ele efetivamente pode e/ou propõe-se a oferecer é uma poderosa fonte de ansiedade. Essa ansiedade não se dissipa ou é aplacada pela simples explicitação do indivíduo de que tem propósitos distintos e/ou não está à altura das expectativas que o grupo nele deposita.

Embora as teorias de Bion refiram-se a grupos, principalmente, que tratam de dificuldades psicológicas de seus membros, o caminho até aqui percorrido nesta pesquisa nos permite estender sua aplicação à relação entre torcida/nação como um grupo e Barbosa como indivíduo. Tal relação, como também já examinada, não foi, no entanto, construída diretamente e sem interferências. Na sua elaboração tiveram papel-chave os jornais brasileiros.

Foram eles os principais artífices da construção da vitória como acontecimento irreversível, alavancado pela apropriação particular das goleadas sobre Suécia e Espanha como pratos de resistência para o banquete final contra o Uruguai. Ao assim procederem, eles fortaleceram a necessidade de os brasileiros se unirem em torno da seleção nacional (subgrupo formado por outros indivíduos) e fazerem dos jogadores seus líderes, não apenas para derrotarem o inimigo, mas para fazerem da vitória já antecipada, inclusive nas manchetes do dia da final, uma gigantesca celebração coletiva.

A frustração da vitória/celebração reforçou a necessidade inicial que levara à formação do grupo/torcida para se defender ou fugir de algo. A derrota foi amplificada como tragédia, devido à forma como o acontecimento fora promovido pelos jornais e "comprado" por torcida e jogadores. Tudo isso amplificado pelo ambiente nacionalista remanescente do primeiro período da Era Vargas.

Nesse contexto, não é de estranhar que a primeira reação dos jornais, antes mesmo de individualizar culpas, fosse atribuir a derrota à suposta "falta de fibra" do time. A ação da imprensa busca responder, ainda sob o calor da perda, à necessidade do grupo de compreender líderes que não lutam nem comandam a fuga. O movimento inicial dos jornais, permeado por contradições compreensíveis em que só se prepararam, e aos leitores, para a vitória apoteótica ainda trata a seleção como um líder totalizante.

No entanto, mesmo em meio à confusão e ao choque de expectativas, os jornais já iniciam o processo de decomposição do líder em busca de culpados que aplaquem a necessidade do grupo/nação compreender e explicar a derrota. O processo responde a uma das principais suposições básicas que leva as pessoas a se reunirem num grupo: a preservação deste. A admissão pelos jornais da derrota como uma das possibilidades *concretas* daquela partida implicaria uma dissolução do grupo torcida/seleção tal como fora construído pela imprensa: a de um país que teria na conquista do título sua afirmação definitiva diante do mundo como nação.

Essa dissolução se chocaria com a aspiração nacional de se tornar um grande país, projeto que tinha no antidesenvolvimentismo do governo Eurico Dutra um passo atrás provisório, que logo seria superado pela marcha batida do getulismo de volta ao poder naquele mesmo ano.

A sobrevivência do grupo necessitava de um ritual capaz de aplacar a angústia coletiva. Como visto, líderes que não lutam — ou aos quais "falta fibra" — nem conduzem o grupo a um porto seguro não são compreendidos como tais. Na desconstrução do grupo-líder (a seleção), era preciso eleger algum objeto ou indivíduo que condensasse a necessidade do grupo/nação de encontrar alguém a quem pudesse imputar seu mal. Ou ainda um "líder negativo"[53]. Barbosa, como o melhor goleiro do Brasil até então e na condição de o último homem, aquele que não podia falhar, cumpria com esses dois requisitos as condições para ser escalado para esse papel.

A tentativa dos jornais e dos próprios jogadores de elegerem outros líderes negativos substitutos, como Bigode e Juvenal, não preenchia uma das principais exigências do grupo: a unidade para fins de luta ou fuga. Culpar qualquer um dos dois ou ambos não cumpria o primeiro requisito para garantir a manutenção da unidade do grupo: a existência de um inimigo comum, pois, se somente se pode lutar ou fugir, é indispensável encontrar algo ou alguém contra quem lutar ou de quem fugir.

O grupo/nação não identificava no apenas esforçado lateral esquerdo Bigode o perfil para o papel de líder, nem era iniciado o suficiente nos códigos internos do grupo-líder para entender os critérios táticos que culpabilizavam Juvenal. A transformação de Barbosa nesse líder negativo, como visto, independia do que ele se propunha efetivamente a oferecer ao grupo, mas era determinado pelas expectativas nele depositadas pelo grupo: a de guardião da nação, o único que não podia falhar.

---

[53] Bion usa o conceito de líder substituto, atribuindo a este tendências paranoicas. No entanto, para os fins aqui desejados, optou-se pela concepção do líder negativo, chegando-se a esse conceito pela inversão dos valores atribuídos por Bion ao líder. Entende-se aqui o líder negativo como fruto de um espelho invertido do líder tal como conceituado por Bion.

Fama: um atalho sedutor para se virar pessoa

Morro de medo de que um dia isso acabe. Que me esqueçam. Por isso,
vou jogar enquanto puder manter meu nível.

(Oscar, um dos maiores ídolos do basquete brasileiro, O Globo,
28/11/1999)

Esse processo, no qual os jornais desempenharam papel-chave, nos ajuda ainda a compreender a tensão latente entre identidade pública e identidade privada e de como essa tensão é extremamente amplificada no caso de pessoas famosas. Se a expectativa de um grupo já é capaz de operar enquadres importantes sobre o comportamento de um indivíduo anônimo, no caso de uma pessoa famosa os efeitos são potencializados de forma não dimensionável. A amplificação ocorre em grande medida pela ação da imprensa.

Ao atribuir e ressaltar determinadas características de um personagem, ao mesmo tempo em que esquece outras, a imprensa constrói uma identidade para ele, na qual não necessariamente o representado reconhece-se. A agudização de tensões entre a identidade pública e a privada leva a que os famosos não mais se identifiquem plenamente nem em uma nem em outra representação.

Assim, a Barbosa, principalmente depois do 16 de julho, está interditada a identidade de um "simples" muito bom jogador de futebol que sonhava ser campeão do mundo e viu seu intento frustrado por uma partida importante. Ao mesmo tempo, se para ele é motivo de estranhamento a identidade que lhe é atribuída publicamente de "responsável pela derrota de 1950", também lhe é vedado ignorá-la completamente, porque, como visto no exame dos estigmatizados, essa é uma condição do indivíduo, e não de sua vontade (Goffman, 1975).

Por sintetizar, como poucos na história do futebol brasileiro, a convivência entre glamour e tragédia, o estudo de caso de Barbosa nos ajuda a compreender por que muitos dos grandes ídolos brasileiros e estrangeiros experimentam finais tão trágicos, como Garrincha, Heleno de Freitas e Maradona, para ficarmos apenas em casos mais notórios. O diferencial de Barbosa em relação a esses e outros casos é que, enquanto a maioria reclama por ser esquecida, o ex-goleiro queixou-se até o fim da vida por ser sempre lembrado, sem que essa lembrança representasse reconhecimento, mas condenação.

Os finais trágicos não impedem que milhares de jovens sonhem seguir os passos de seus ídolos. A compreensão desse poder de atração poderoso não pode se limitar a um reducionismo que rebaixe esse fenômeno ao crescente estreitamento dos espaços de mobilidade social em nossa sociedade. Embora importante, tal condição não dá conta de entender outros processos fortemente mobilizadores, como a busca do reconhecimento pela fama.

Vista também como importante passaporte de ascensão em outras sociedades, na nossa, ela cresce em importância pela contraposição ao anonimato. No Brasil, ser famoso pode representar a diferença fundamental entre ser indivíduo ou pessoa; conceitos que serão desenvolvidos mais adiante. Trata-se de uma sociedade na qual ritos demarcatórios de territórios tão poderosos como "Você sabe com quem está falando?"; "Quem você pensa que é?"; "Onde você pensa que está?" e outras interpelações equivalentes estabelecem hierarquias fundamentais (DaMatta, 1975).

Por características muito particulares da sociedade brasileira, o acionamento dessas diferenciações pode ser mais poderoso quanto mais implicitamente se manifeste. É que sua explicitação se choca com certas idealizações integracionistas, que têm suas representações reafirmadas e radicalizadas no noticiário de nossa imprensa. Diferentemente de outras sociedades, nas quais o apartamento social é mais explicitado, como na estadunidense, na qual adquire conotações inclusive abertamente raciais, na brasileira a promoção dos conflitos pela imprensa busca evitar que eles se choquem ou não desautorizem a idealização de uma sociedade voltada para o universal e para o cordial.

Dessa forma, a explicitação do "Você sabe com quem está falando?" e de outros ritos afins tende a ser reprimido — e nesse processo a imprensa desempenha papel fundamental na defesa de um igualitarismo teórico — por representar a negação de valores bastante caros ao processo tal como a construção da sociedade brasileira é percebida pelos discursos hegemônicos. No entanto, se existem regras gerais que inibem o uso aberto do "Você sabe com quem está falando?", elas convivem com práticas igualmente gerais que estimulam e legitimam seu emprego. Em ambos os casos, a imprensa tem papel protagonista, realimentando sua autoridade de determinadora de regras sociais, bem como de responsável pelo seu cumprimento e pela sua reatualização.

Se, por exemplo, os jornais reprimiriam com veemência, em sua grande maioria, acusações abertamente racistas contra Barbosa, a título de seu hipotético "frango", isso não é visto como contraditório com a insistente veiculação, pelo menos até a conquista da Copa de 1958, de afirmações como a de que "jogadores negros, principalmente goleiros, tremem na hora h".

DaMatta enxerga no recurso ao ritual do "Você sabe com quem está falando?" uma forma de abalizar o predomínio das relações pessoais sobre as impessoais, sendo as primeiras desvinculadas de camadas ou posições economicamente demarcadas, enquanto as últimas seriam informadas por leis e regulamentos. Essa situação disseminaria o uso da expressão, espécie de sinônimo de poder explícito, tornando-o ao alcance de todas camadas e classes sociais.

Tal formulação deixa de lado questões fundamentais, como o caráter fortemente assimétrico do uso desse ritual, bem como do funcionamento das hegemonias no seu exercício. Para DaMatta, o uso da expressão busca "legitimar a existência de um nível de relações sociais com foco na pessoa e nos eixos e dimensões deixadas necessariamente de lado pela universalidade classificatória da economia, dos decretos e dos regulamentos" (DaMatta, 1975, p. 151).

Não é preciso estar em acordo com o sucesso dessa pretensão, a ponto de ela se impor e/ou superar as relações fortemente verticalizadas da sociedade brasileira, para assentir que o uso disseminado do "Você sabe com quem está falando?" em nosso meio representa forte estímulo à busca de atalhos que ajudem a posicionar melhor seus membros no desenvolvimento das interações sociais. Ao comparar a situação do Brasil com a dos Estados Unidos, DaMatta deduz que, diferentemente da sociedade daquele país, "somos muito mais substantivamente dominados pelos papéis que estamos desempenhando do que por uma identidade geral que nos envia às leis gerais a que temos que obedecer, característica da identidade de cidadão".

Embora tal ilação possa sugerir uma idealização da sociedade estadunidense, na qual o antropólogo esteve radicado há longos anos, parece-nos mais pertinente para os fins desta pesquisa reter uma das principais manifestações da expressão "Você sabe com quem está falando?" identificada por ele: a da revelação da identidade social. Recorrentemente, essa revelação tende a se dar pela exibição de distinções, muitas vezes materializadas na identificação explícita do sujeito, a famosa "carteirada".

Esta, em geral, ocorre quando um personagem, até então anônimo, percebe que nessa condição lhe será negado o tratamento diferenciado de que se julga merecedor. Ela se constitui na apresentação enfática de outra identidade social, que, geralmente, tem pertinência e pode até ser essencial, mas em outro domínio social. Muitas vezes, a simples identificação torna desnecessário interpelar o outro interlocutor com o "Você sabe quem está falando?", embora não seja incomum que este seja acionado para reforçar os efeitos buscados pela primeira.

Assim, a chamada "carteirada" dos famosos é o acionamento dessa condição em momentos e/ou espaços em que eles não são inicialmente reconhecidos como tais. Existem famosos que podem ser considerados "medalhões", geralmente figuras nacionais, que não precisam mais recorrer ao "Você sabe com quem está falando?". Além de sujeita a não reconhecimentos públicos em determinadas esferas, a definição de "medalhão" tende, por si, a ser restritiva. Sua ampliação excessiva tenderia à extinção da categoria. Afinal se, no limite, qualquer famoso pudesse ser considerado "medalhão", ninguém seria reconhecido como tal pela ausência de parâmetros.

Concentremo-nos, portanto, na "carteirada" do famoso não "medalhão" ou nas circunstâncias particulares em que este não seja de imediato reconhecido como tal. Diferentemente de personagens que ocupam posições fortemente cristalizadas na hierarquia social, como o militar, o parlamentar etc., a "carteirada" do famoso não se materializa, principalmente, num documento. Até porque, não raras vezes, sua identidade pública mais conhecida pode ser um apelido ou ainda estar vinculada a um agrupamento social, como "jogador do Botafogo" ou pagodeiro do "grupo X".

Aqui, se dá diferença fundamental para um famoso de origem popular da sociedade estadunidense e um com trajetória semelhante na brasileira. Enquanto na primeira, a revelação pode acabar se constituindo num agravamento da punição, como no caso de Mike Tyson, na brasileira ela, em geral, serve para atenuar ou mesmo evitar eventuais punições, como no caso de um pagodeiro ou de um jogador de futebol que se envolva num acidente de trânsito com mortes, por exemplo.

Em tais circunstâncias, o famoso brasileiro vê materializada a diferença básica entre ser tratado como indivíduo e como pessoa, entendidos por DaMatta como duas formas distintas de conceber o universo social e nele atuar. No Brasil, o acionar do "Você sabe com quem está falando?" permite "estabelecer a pessoa onde antes só havia um indivíduo", para repetir as palavras do antropólogo.

DaMatta situa num artigo de Marcel Mauss, de 1974, a origem mais explicitada da noção de pessoa. O antropólogo francês acompanha a trajetória do conceito que recobriria a ideia de um personagem nas sociedades tribais, o qual é progressivamente individualizado até desembocar na percepção de pessoa como "ser psicológico" e altamente individualizado. Segundo o francês, pessoa seria um ponto de encontro entre a noção de indivíduo psicológico e uma unidade social, sendo importante destacar que, para Mauss, a noção de pessoa convergia para a ideia de indivíduo.[54] A ideia de indivíduo seria alvo de duas elaborações distintas. Numa delas, tem enfatizado o "eu individual", que dá origem à defesa de um individualismo que paire acima do todo. Seu desdobramento mais poderosamente ideológico é a defesa de que a sociedade deve estar a serviço do indivíduo.

O conceito de indivíduo, porém, também não prescinde da elaboração de um polo social. Nessa vertente, em lugar de termos a sociedade contida no indivíduo, é o indivíduo que deve estar contido na sociedade. É nessa vertente que DaMatta percebe a correspondência com a noção de pessoa como entidade capaz de remeter ao todo, em lugar de à unidade, e ainda como elemento fundamental por meio do qual se cristalizam relações essenciais e complementares do universo social.

A noção de pessoa, tal como tomada aqui, se caracterizaria como uma vertente coletiva da individualidade, sendo explicitada numa máscara que identificaria um indivíduo ou entidade individualizada, como clã, família ou clube, que seria convertida desse modo em ser social. Ao atribuir máscaras a elementos que deseja incorporar em seu seio, a sociedade recorre a rituais, transformando algo que era naturalizado, como uma criança ou uma casa, numa relação ideologicamente definida. Para DaMatta, é nessa operação que o indivíduo torna-se pessoa ou ser social.

---

[54] Tanto pessoa como indivíduo são construções sociais e, ao longo desta pesquisa, não se procurou fazer distinções básicas entre ambos. No entanto, para fins de melhor ilustrar a contraposição entre fama e anonimato, que o "Você sabe com quem está falando?" ajuda a realçar, recorremos, nessa passagem, à pertinente elaboração defendida por DaMatta.

Em sociedades mais institucionalmente hierarquizadas, como a estadunidense, as relações tendem a ser travadas mais no nível de indivíduos do que no de pessoas. Ou, em outras palavras, tendem a ser mais impessoais do que pessoais. Embora no Brasil essa tipologia possa não ser tão rígida, nos parece mais pertinente reter o caráter pessoal que marca fortemente as relações sociais.

Numa sociedade na qual todos os indicadores nacionais e internacionais apontam como uma das mais assimétricas do mundo do ponto de vista da concentração da renda, a diferença entre ser tratado como indivíduo ou pessoa cresce em importância. Em tais condições, ser anônimo é particularmente mais duro para quem não desfruta do capital de relações sociais que abre o acesso a outros círculos. Tal situação tem implicações fundamentais na relação com as ramificações do Estado que lhes são mais próximas, como a polícia, o posto de saúde, a burocracia das repartições etc.

Passaporte valioso também em sociedades mais hierarquizadas e impessoais, a fama, na nossa, representa uma das únicas possibilidades de acesso à cidadania. No entanto, embora a mobilidade social possa ser o objetivo inicial a ser alcançado, a busca pela fama não se esgota nela, nem tem aí seu único impulsionador. No processo de atribuição de máscaras aos indivíduos, a imprensa desempenha papel-chave, não somente na escolha dos eleitos, como na legitimação e na elaboração das entidades que merecem ser "pessoalizadas", sendo assim elevadas à condição de seres sociais.

Como examinado ao longo desta pesquisa, o futebol constituiu-se em nosso país num local privilegiado de reconhecimento social. Os jornais brasileiros recorrem a rituais particulares na incorporação dos jogadores ao seio da sociedade. Eles são aí introduzidos com denominações grandiloquentes, como deuses, heróis e gênios, ou ainda Dinamite, Animal, Anjo das Pernas Tortas, Rei do Futebol etc. Seu ritual de passagem da condição de indivíduo para pessoa é tão súbito e poderoso que a grande maioria não consegue precisar um marco zero de quando isso ocorre (Souto, 2000).

Em tal contexto, ser um jogador de futebol, principalmente um famoso ou reconhecido como tal, representa um valor agregado exponencial à situação de pessoa. Embora seja difícil condensar em uma única palavra essa diferenciação, glamour pode ser considerado uma boa explicação. Entre os significados que o *Michaelis* lhe atribui, glamour é definido como "magia, feitiço". Na relação entre fãs e ídolos, o conceito se impõe com mais força a outros, como "encanto", "charme" ou "atração".

A força que arrastou 200 mil brasileiros ao Maracanã em 16 de julho de 1950 não era explicável apenas por encanto, charme ou atração, por mais fortemente que tais elementos também se fizessem presentes. O fascínio que a seleção exercia sobre os brasileiros, principalmente depois das goleadas sobre Suécia e Espanha, estava mais fortemente associado a feitiço e magia.

Um rápido recorrer de olhos nos jornais da época explicita essa relação — "Esses são os heróis nacionais", "Vós que não tens rivais", "Os maiores jogadores do mundo" etc. — que somente alcançou tal dimensão pela forma como a imprensa promoveu a partida, num ritual de ante-cipação/consagração da vitória, no qual o jogo final com o Uruguai foi reduzido a mera formalidade protocolar.

Embora não tenha logrado a vitória sobre o Uruguai, a equipe de 1950 contribuiu para a ampliação do prestígio do futebol brasileiro no exterior. O jornal francês *France Football*, por exemplo, revelou em manchete na sua edição de 19 de julho de 1950 um estranhamento que não escondia a admiração pelo time brasileiro: "O que parecia impossível aconteceu! O Brasil perdeu a Copa do Mundo!"

Cinquenta e dois anos depois da derrota, o futebol brasileiro era objeto de adoração em lugares tão distantes como Bangladesh,[55] mos-trando em que profundidade esse esporte constituiu-se numa das prin-cipais formas de afirmação da identidade nacional, como sonhavam os brasileiros presentes ao 16 de julho. Único país a participar de todas as Copas do Mundo desde o primeiro mundial em 1930, o Brasil, mais do que metonímia de futebol, virou sinônimo de um estilo muito próprio e objeto de desejo em várias partes do mundo.

Esse *status* mantém permanentemente reatualizada a saga da equipe de 1950 e transforma Barbosa na síntese mais acabada de glamour e tragédia no futebol, pelo menos até o 7 a 1. De atleta que mais títulos conquistou por seu clube e um dos mais vitoriosos jogadores da história do futebol brasileiro, teve sua identidade reduzida à imagem do "culpado

---

[55] Reportagem de *O Globo* de 13/6/2002 conta a história de confrontos entre "brasileiros" e "argentinos" de Bangladesh. Na verdade, naturais daquele país que levam a identificação com as seleções das duas nações ao extremo de adotarem suas bandeiras nacionais e se confrontarem em batalhas nas ruas da capital Dhaka, principalmente durante Copas do Mundo.

pela derrota". A velocidade com que Barbosa foi transformado de "melhor goleiro do país" e de "um dos candidatos ao Olimpo" em sinônimo de derrota — em apenas 90 minutos, tempo de duração de uma partida de futebol — encontra poucos paralelos em outras profissões.

Num país marcado por tragédias políticas, econômicas, sociais e culturais dantescas, como o suicídio de Getúlio Vargas, o golpe de 1964 e a morte de Tancredo Neves às vésperas da posse que encerraria o ciclo militar, para se ficar apenas no século passado, o 16 de julho continua sendo tratado pela imprensa como data referencial indispensável e Barbosa como seu personagem mais relevante. Em grande parte, a reatualização permanente deve-se à dificuldade de lidar com a derrota e por considerar o vice-campeonato como fato social desonroso. É como se apenas o vencedor importasse.

O tratamento dedicado pelos jornais a outros esportes reproduz esse paradigma. Guga, Rubens Barrichello ou a seleção brasileira de voleibol, por exemplo, somente são considerados notícias se seguem vencendo. A diferença fundamental em relação ao futebol é que naqueles esportes a expectativa dos brasileiros e da imprensa parece restrita a um ídolo, e não, necessariamente, à modalidade que praticam. É como se o brasileiro — e a imprensa — não gostassem de tênis, mas do Guga; de automobilismo, mas do Ayrton Senna. Decepções experimentadas com algum desses esportes ou ídolos tendem rapidamente a ser transformadas em esperanças a serem transferidas a outra modalidade ou outro representante nacional em evidência.

Toda essa mudança, em geral, é informada pela necessidade de se identificar com o vencedor ou, em algumas poucas vezes, com aquele ou com aquela que, mesmo não vencendo, demonstrou capacidade de superação para se colocar entre os primeiros. Essa colocação e as atenções recebidas da imprensa e dos torcedores tendem, porém, a ser transformada em maiores exigências nas próximas competições que servirão para confirmar se o novo candidato a ídolo "veio para ficar" ou é mero "fogo de palha".

No futebol, antes mesmo do início das competições, as cobranças já são informadas por expectativas de vitórias convincentes e, de preferência, arrasadoras. É como se o futebol servisse de catarse para compensar frustrações dos brasileiros em outros campos nos quais a vitória parece longe do horizonte, como a educação e a saúde, por exemplo. A condição catalisadora e o *status* alcançado transformam a vitória numa obrigação inelutável. O nível de expectativa, alimentado em níveis poderosos pela imprensa, cria ainda uma espécie de relação ciclotímica entre torcida/ nação e seleção brasileira, na qual ou "somos os melhores do mundo" ou "os piores do mundo".

É verdade que a percepção da seleção brasileira como metonímia da pátria de chuteiras perdeu potência (Souto, 2021) e a derrota ou a vitória nos gramados passou a limitar-se a fenômeno esportivo sem extrapolar para fenômeno social (Helal *et al.*, 2001). Apesar disso, persiste forte a pressão de imprensa e torcida para a seleção brasileira ter como única meta digna de registro ser campeã.

Como, diferentemente de outros países e outras culturas, o título não é o último degrau a ser alcançado em uma competição, mas o objetivo obrigatório antes mesmo de o campeonato começar, qualquer resultado diferente do "prometido" tende a ser visto como desonroso. Para amenizar a frustração nacional, os jornais se veem impelidos a reelaborar a derrota. Em 1950, é "o 'frango' de Barbosa"; em 1998, "a convulsão de Ronaldinho". Em nenhum momento, os jornais aceitam examinar a hipótese de superioridade do adversário. O simples fato de admitir tal possibilidade poderia ser entendido como um questionamento do paradigma da superioridade do futebol brasileiro.

Não por acaso, o jornalismo do país tende a ser mais rigoroso com a seleção do que a imprensa estrangeira, que, não raras vezes, chega a elogios que beiram ao exagero quando submetidos à unidade de medida nacional. Nessa relação ciclotímica, resultado em boa parte de uma forma de promoção que somente prepara a torcida para a vitória, Barbosa tem estreitado o espaço para o reconhecimento daquele que em outras sociedades seria considerado seu maior feito: o vice-campeonato mundial.

A impossibilidade de promover o vice-campeonato como acontecimento positivo, como amplamente examinado no noticiário, antes, durante e depois do 16 de julho, está na raiz da identidade que será atribuída pela imprensa ao ex-goleiro. Como somente a vitória importa, o passado vencedor de apenas 90 minutos antes é transformado em derrota inaceitável. A linguagem quase telegráfica dos jornais deixa poucos espaços para nuances, como "um grande goleiro, mas que foi infeliz em 1950" ou "um grande goleiro vice-campeão do mundo".

Com o fim da carreira, Barbosa perde o principal contraponto ao mito do "frango".[56] A aposentadoria tem como principal corolário o esmaecimento do lugar de memória mais poderoso dos craques: o torcedor. A nova situação faz com que a noticiabilidade de Barbosa, tal como percebida pela objetividade dos jornais, seja cada vez mais reduzida "ao culpado pela derrota". Assim, quanto mais longe do 16 de julho, mais próximo, e quase exclusivamente próximo, dele.

Na objetividade jornalística, existe pouco espaço para o discurso polissêmico sobre os personagens tratados pela imprensa. É também a objetividade que vai informar as diferentes identidades atribuídas a Barbosa. São os títulos conquistados por ele no Vasco, potencializados pela campanha na Copa até o jogo final, que determinam a identidade "do melhor goleiro do país"; a perda do título informa a imagem "do culpado pela derrota", que cresce em intensidade com o abandono dos campos; a de "abandonado em busca de socorro" decorre da necessidade de compaixão pelos ídolos; e a de "injustiçado" pela relação guardada pela sociedade brasileira com a morte, ao menos durante o período de luto.

Esgotado o processo de luto, no entanto, a objetividade e o reducionismo da gramática jornalística tendem a retomar o discurso único do "responsável pela derrota". O distanciamento e os espaços preenchidos pelos títulos conquistados pela seleção após 1950 permitem nuances que, no entanto, não mudam a essência da representação de Barbosa nos jornais. Antes do início da Copa de 2002, o goleiro daquela seleção brasileira, Marcos, revelou, em entrevista a *O Globo*, publicada em 19 de abril, seu temor de, a exemplo de Barbosa, ser considerado culpado pela derrota.

Embora sutil, quase imperceptível, essa abordagem do 16 de julho revela uma variação sobre a culpa. Nela, Barbosa não é explicitamente o "responsável pela derrota". Ao menos no discurso de Marcos reproduzido pelo jornal, o que está em questão não é ser ou não culpado, mas ser *considerado* culpado. É emblemático que o goleiro, que já enfrentara

---

[56] Todas as vezes que foi mencionado neste livro, optou-se por colocar a palavra entre aspas como uma recusa a naturalizar a acusação a Barbosa. Considerou-se que as escassas imagens existentes não autorizam diagnóstico definitivo, como vimos, inclusive, na narrativa da quentura dos acontecimentos pelos jornais contemporâneos. Somente à medida que o 16 de julho torna-se distante temporalmente, a acusação ganha cores mais fortes. Além disso, a semelhança entre o primeiro e o segundo gol talvez ajude a dar crédito ao diagnóstico de Barbosa e Ghiggia: para evitar o cruzamento que resultara no primeiro gol, era inevitável deixar o lado esquerdo mais desguarnecido. Por tudo que foi visto, a transformação de Barbosa no "culpado da derrota", porém, independe de o segundo ter resultado ou não de um *frango*. A nação, pela voz dos jornais, exigia que ele tivesse defendido aquela bola, fosse ou não defensável o chute de Ghiggia.

situações adversas e consagradoras — embora ambas confinadas a um clube, no caso o Palmeiras —, buscasse construir um discurso que servisse de defesa prévia utilizando o espaço dos jornais.

Ao mesmo tempo em que reafirmava sua reivindicação de não ser julgado como um todo por uma eventual falha, admitia, entre irônico e amargurado, a descrença prévia de que isso deixasse de ocorrer no caso de sofrer "um *frango*". O apelo ganha em ironia quando submetido ao crivo do discurso jornalístico, que tem como uma das suas principais características justamente a generalização do particular para o geral e tomar a parte pelo todo.

Tal abordagem, no entanto, reflete mais uma variação do que uma mudança essencial no discurso sobre Barbosa. Ao deixar de afiançar explicitamente que o goleiro foi "o responsável pela derrota", para afirmar que foi "acusado de ter falhado no segundo gol uruguaio", como faz *O Globo* na mesma edição, a imprensa passa a se desresponsabilizar por seu discurso inaugural para naturalizá-lo. Eleva-o, assim, à condição de senso comum, com a qual encobre a construção social que resultou nesse *status*.

Esse processo ajuda a mostrar como a objetividade jornalística vai sendo moldada para ajustar as diferentes identidades atribuídas a Barbosa a contextos e expectativas variados. E desnuda ainda como os jornais reatualizam seu papel de senhores da memória, ao sintonizar seu discurso com as expectativas dos diferentes grupos sociais. Uma espécie de relaxamento e o estilo mais leve das editorias de Esporte facilitam o acompanhamento da trajetória da flexibilização da objetividade, que inclui da maior licenciosidade na adjetivação de acontecimentos e personagens à naturalização de conceitos.

Dificilmente seria possível flagrar em outras editorias nomeações tão abertamente subjetivas como "o maior goleiro" ou "o *frangueiro*", que deixam à mostra a construção social que informa a objetividade. Se as editorias de esporte, em particular quando tratam do futebol, expõem mais claramente esse processo, Barbosa, pela singularidade de sua trajetória, é uma das suas melhores condensações dele. O tratamento que lhe é destinado pelo jornalismo ajuda a explicitar, a escancarar mesmo, o processo de promoção de uma ocorrência a um acontecimento social, o que inclui sua gênese e seu cruzamento com contextos sociais.

Embora Barbosa possa ser considerado uma das suas melhores sínteses, o processo não se esgota nele, podendo ser observado em outros cenários e outros personagens. O mecanismo de atuação da imprensa nos processos que forjam e legitimam ídolos, como no caso exemplar da eleição promovida anualmente pela Federação Internacional de Futebol Associado (Fifa) daquele que é apontado como *the best of the year* — que o jornalismo brasileiro transforma em "o melhor do mundo" —, também pode ser examinado à luz de critérios análogos e bastante reveladores de construções sociais particulares, que, naturalizadas, são elevadas à condição de senso comum.

A rapidez com que a imprensa "adota" e "abandona" os eleitos no intervalo entre uma temporada e outra diverge do caso de Barbosa basicamente pela velocidade com que isso se dá. Na era da instantaneidade da informação e de discursos fragmentados, a vida efêmera dos heróis deixa de prescindir de um período maior de maturação. No novo contexto, os ritos de passagem da saga do candidato ao Olimpo têm várias etapas abortadas, bem como seguem por atalhos capazes de causar estranhamentos em observadores que insistem em apropriações de sentidos distintas do que o discurso hegemônico ordena e organiza.

Se causa choques e modifica noções de espaço e tempo, a velocidade com que a imprensa passa a forjar, legitimar, abandonar, substituir e recuperar os ídolos do futebol da era da globalização, também até pela instantaneidade do próprio processo, deixa pistas importantes para acompanhar seu desenvolvimento. Embora se trate de processo em maturação, do qual ainda não se guarda o distanciamento histórico aconselhável para um acompanhamento mais sereno, a quentura dos acontecimentos, tal como promovidos pelo jornalismo, permite desdobrar os fenômenos acompanhados pelo estudo de caso de Barbosa, bem como identificar aspectos particulares já sinalizados e ainda em desenvolvimento.

Nessas condições, um desafio, em particular, pode ser acompanhar as trajetórias dos que, na era do paradigma do descartável, conseguem se manter em evidência. Das dezenas de ídolos do futebol pré-globalização, apenas três nomes ou pouco mais, como Pelé, Zico e Roberto, lograram continuar a ser "noticiáveis" quase permanentemente pelos jornais mesmo depois de se aposentarem. A noticiabilidade da grande maioria dos ex-famosos parece condicionada a fatos específicos, como a proximidade de mundiais ou jogos de clubes nos quais tiveram passagens especialmente marcantes.

Uma futura pesquisa poderia examinar que fatos, na era do futebol da globalização, são determinantes e fundamentais, não apenas para um jogador tornar-se famoso, mas, principalmente, para manter-se nessa condição. Que critérios informariam o jornalismo para continuar a promover esses jogadores como ídolos? Que apropriações de sentidos serão capazes de se impor para muito além de valores do mercado de caráter momentâneo? Também seria interessante acompanhar como o jornalismo esportivo reatualizará seus discursos sobre esses ídolos para mantê-los em sintonia com contextos e expectativas variados. Enfim, como será, no pós-fama, o papel da imprensa na transformação de jogadores/indivíduos em ídolos/pessoas, bem como a manutenção de tal *status* após a aposentadoria, num contexto de superoferta de ídolos descartáveis que se sucedem a cada gol marcado e propagado quase instantaneamente para várias partes do mundo?

REFERÊNCIAS

a. Livros, Artigos, Teses e Dissertações

BARBOSA, Marialva. *Senhores da Memória*. 1994. Tese (Doutorado) — Universidade Federal Fluminense, Rio de Janeiro, 1994.

BARBOSA, Marialva. *Os donos do Rio*. Imprensa, poder e público. Niterói: Vício de Leitura, 2000.

BARRETO, Lima. *Um longo sonho do futuro*: diários, cartas, entrevistas e confissões dispersas. Rio de Janeiro: Graphia, 1998.

BERGSON, Henri. *Matéria e memória*. São Paulo: Martins Fontes, 1990.

BION, Wilfred Ruprecht. *Experiências com grupos*. Rio de Janeiro: Imago, 1975.

BOURDIEU, Pierre. *O poder simbólico*. Lisboa: Difel, 1989.

CAMPBELL, Joseph; MOYERS, Bill. *O poder do mito*. São Paulo: Palas Athena, 1993.

CARDOSO, Ciro Flamarion S.; PÉREZ BRIGNOLI, Hector. *El concepto de clases sociales*. Madri: Ayoso, 1977.

CASTRO, Ruy. *Estrela solitária*: um brasileiro chamado Garrincha. São Paulo: Companhia das Letras, 1995.

COELHO, Maria C. *A experiência da fama*. Rio de Janeiro: FGV, 1999.

COULON, Alain. *Etnometodologia*. Petrópolis: Vozes, 1995.

DAMATTA, Roberto. Você sabe com quem está falando? Um ensaio sobre a distinção entre indivíduo e pessoa no Brasil. *In*: DAMATTA, Roberto. *Carnaval, malandros e heróis*. Rio de Janeiro: Zahar Editores, 1979.

DIEGUEZ, Gilda Korff (org.). *Esporte e poder*. Petrópolis: Vozes, 1985.

DUBY, Georges. A memória e o que ela esquece. *In*: DUBY, Georges; LARDREAU, Guy. *Diálogos sobre a nova história*. Lisboa: Dom Quixote, 1989.

ECO, Umberto. *Apocalípticos e integrados*. São Paulo: Perspectiva, 1979.

ELIADE, Mircea. *O mito do eterno retorno*. Lisboa: Edições 70, 1969.

ELIADE, Mircea. *Mito e realidade*. São Paulo: Perspectiva, 1994.

FILHO, Mario. *O negro no futebol brasileiro*. Rio de Janeiro: Siciliano, 1964.

FILHO, Mario. *O sapo de Arubinha*: os anos de sonho do futebol brasileiro. São Paulo: Companhia das Letras, 1994.

FREUD, Sigmund. *A interpretação dos sonhos* (Primeira Parte). Rio de Janeiro: Imago, 1969.

FREUD, Sigmund. *Textos essenciais sobre literatura, arte e psicanálise*. Lisboa: Publicações Europa-Portugal, 1975.

GALEANO, Eduardo. *O futebol ao sol e à sombra*. Porto Alegre: L&PM, 1995.

GAYE, Tuchman. A objectividade como ritual estratégico: uma análise das noções de objectividade dos jornalistas. *In*: TRAQUINA, Nelson (org.). *Jornalismo*: questões, teorias e "estórias". Lisboa: Vega, 1993.

GEERTZ, Clifford. *A interpretação das culturas*. Rio de Janeiro: Zahar, 1978.

GOMES, Angela Castro. *A invenção do trabalhismo*. Rio de Janeiro: Vértice, 1988.

GIRARDET, Raoul. *Mitos e mitologias políticas*. São Paulo: Companhia das Letras, 1986.

GOFFMAN, Erving. *Estigma*: notas sobre a manipulação da identidade deteriorada. Rio de Janeiro: Zahar, 1975.

GOFFMAN, Erving. *A representação do EU na vida cotidiana*. Petrópolis: Vozes, 1995.

HALBWACHS, Maurice. *A memória social*. São Paulo: Vértice, 1990.

HACKETT, Robert A. Declínio de um paradigma? A parcialidade e a objetividade nos estudos dos media noticiosos. *In*: TRAQUINA, Nelson (org.). *Jornalismo*: questões, teorias e "estórias". Lisboa: Vega, 1993.

HALL, Stuart. *Identidades culturais na pós-modernidade*. Rio de Janeiro: DP&A, 1997.

HELAL, Ronaldo. *O que é sociologia do esporte*. São Paulo: Brasiliense, 1990.

HELAL, Ronaldo. *Passes e impasses*: futebol e cultura de massa no Brasil. Petrópolis: Vozes, 1997.

HELAL, Ronaldo; SOARES, Antonio Jorge; LOVISOLO, Hugo. *A invenção do país do futebol*: mídia, raça e idolatria. Rio de Janeiro: Maud, 2001.

HUYSSEN, Andreas. *Memória do Modernismo*. Rio de Janeiro: Ed. UFRJ, 1997.

HUIZINGA, Johan. *Homo ludens*: o jogo como elemento da cultura. São Paulo: Perspectiva, 1980.

JESUS, Heloisa Helena. *O DIP e a juventude do Estado Novo*. 1987. Dissertação (Mestrado) – ICHF-UFF, Niterói, 1987.

LAGE, Nilson. *Controle da opinião pública*: um ensaio sobre a verdade conveniente. Petrópolis: Vozes, 1998.

LE GOFF, Jacques. Memória. *In*: Enciclopédia Einaudi. Memória-História, vol. I. Lisboa: Imprensa Nacional-Casa da Moeda, 1984.

LOPES, José Sérgio Leite; MARESCA, Sylvain. A morte da 'Alegria do Povo'. *RBC*, n. 20, 1992.

MÁXIMO, João. Fama ou infâmia. Rio de Janeiro: *O Globo*, 26/11/2000.

MÉRCIO, Roberto. *A história dos campeonatos cariocas de futebol*. Rio de Janeiro: Studio Alfa, 1985.

MIRA, Maria Celeste. Invasão de privacidade? Lugar Comum. Rio de Janeiro: *NEPCOM-ECO/UFRJ*, n. 5–6, maio-dez. 2000.

MOLOTCH, Harvey; LESTER, Marilyn. As notícias como procedimento intencional: acerca do uso estratégico de acontecimentos de rotina, acidentes e escândalos. *In*: TRAQUINA, Nelson (org.). *Jornalismo*: questões, teorias e "estórias". Lisboa: Vega, 1993.

MURAD, Mauricio. *Dos pés à cabeça*: elementos básicos da sociologia do futebol. Rio de Janeiro: Irradiação Cultural, 1996.

MUYLAERT, Roberto. *Barbosa*: um gol faz cinqüenta anos. São Paulo: RMC Comunicação, 2000.

NAVARRO, Desiderio (org.). *Cultura, ideología y sociedad*. Havana: Editorial Arte y Literatura, 1983.

MORAES NETO, Geneton. *Dossiê 50*: os onze jogadores revelam os segredos. Rio de Janeiro: Objetiva, 2000.

NORA, Pierre. *Les lieux de mémoire*. Paris: Gallimard, 1984.

OLIVEIRA, Raimundo de S. D. *Garrincha só*. Rio de Janeiro: Fusão, 1984.

PERDIGÃO, Paulo. *Anatomia de uma derrota*. São Paulo: L&PM Editores, 2000.

PEREIRA, Leonardo Affonso de Miranda. *Footballmania*: uma história social do futebol no Rio de Janeiro — 1902–1938. Rio de Janeiro: Nova Fronteira, 2000.

REFKALEFSKY, Eduardo. *Hélio Fernandes*: a gênese do jornalismo polêmico. 1997. Dissertação (Mestrado) – ECO/UFRJ, Rio de Janeiro, 1997.

RIBEIRO, Ana Paula. *História e imprensa no Rio de Janeiro dos anos 50*. 2000. Tese (Doutorado) – ECO/UFRJ, Rio de Janeiro, 2000.

RIBEIRO, André. *O Diamante eterno*. Rio de Janeiro: Gryphus, 1999.

RODRIGUES, José Carlos. O Rei e o Rito. *In*: RODRIGUES, José Carlos. *Ensaios em antropologia do poder*. Rio de Janeiro: Terra Nova, 1992.

RODRIGUES, Nelson. À sombra das chuteiras imortais: crônicas de futebol. Seleção e notas de Ruy Castro. São Paulo: Companhia das Letras, 1993.

RODRIGUES, Nelson. *A pátria de chuteiras*. São Paulo: Companhia das Letras, 1994.

SCHWARTZMAN, Simon. *Tempos de Capanema*. Rio de Janeiro: Paz e Terra, 1984.

SODRÉ, Nelson Werneck. *História da imprensa no Brasil*. Rio de Janeiro: Graal, 1977.

SOLOSKI, John. O jornalismo e o profissionalismo: alguns constrangimentos no trabalho jornalístico. *In*: TRAQUINA, Nelson (org.). *Jornalismo*: questões, teorias e "estórias". Lisboa: Vega, 1993.

SOUTO, Sérgio Montero. Por que a eliminação da seleção na Copa do Mundo já não comove mais a torcida? *In*: HELAL, Ronaldo; COSTA, Leda; AMARO, Fausto; FONTENELLE, Carol (org.). *Estudos em Mídia, Esporte e Cultura*. Curitiba: Appris, 2021.

SOUTO, Sérgio Montero. *Os três tempos do jogo*: anonimato, fama e ostracismo no futebol brasileiro. Rio de Janeiro: Graphia, 2000.

SOUTO, Sérgio Montero; JÚNIOR, Wilson Machado Tostes; VIEIRA, Agostinho Cardoso; MARQUEIRO, Paulo Sérgio. *Correio da Manhã*: a resistência. Rio de Janeiro, 1988. Mimeo.

TRAQUINA, Nelson (org.). *Jornalismo*: questões, teorias e "estórias". Lisboa: Veja, 1993.

TUCHMAN, Gaye. A objetividade como ritual estratégico: uma análise da objetividade dos jornalistas. *In*: TRAQUINA, Nelson (org.). *Jornalismo*: questões, teorias e "estórias". Lisboa: Vega, 1993.

VERDU, Vicente. *El fútbol*: mitos, ritos y símbolos. Madri: Alianza Editorial, 1980.

WILLIAMS, R. *Marxismo e literatura*. Rio de Janeiro: Zahar, 1979.

b. Jornais e outros periódicos

Boletim da Agap-RJ

Carta Capital

Correio da Manhã

Diário Carioca

Diário da Noite

Exame

Extra

Folha de S. Paulo

IstoÉ

Jornal do Brasil

Jornal dos Sports

Lance!

Manchete Esportiva

O Dia

O Estado de S. Paulo

O Globo

O Jornal

Placar

Tribuna da Imprensa

Veja

c. Programas de Televisão

Telejornal Brasil – SBT – edição de 30 de outubro de 1997

Jornal Nacional – Globo – edição de 7 de abril de 2000

Jornal da Band – Bandeirantes – edição de 7 de abril de 2000

Jornal da Record – Record – edição de 7 de abril de 2000

Bola na Rede – RedeTV! – edição de 9 de abril de 2000

d. Entrevista realizada

Luiz Mendes, em 20/2/2002.

e. Internet

http://www.netvasco.com.br/historia/idolos/